예수님이 가르쳐 주신

The Lord's Prayer

주기도문기도

장 석 환 지음

기독교문서선교회

기독교문서선교회(Christian Literature Crusade: 약칭 CLC)는
1941년 영국 콜체스터에서 켄 아담스에 의해 시작되었으며
국제 본부는 영국의 쉐필드에 있습니다.
국제 CLC는 59개 나라에서 180개의 본부를 두고, 약 650여 명의
선교사들이 이동도서차량 40대를 이용하여 문서 보급에 힘쓰고 있으며
이메일 주문을 통해 130여 국으로 책을 공급하고 있습니다.
한국 CLC는 청교도적 복음주의 신학과 신앙 서적을 출판하는
문서선교기관으로서, 한 영혼이라도 구원되길 소망하면서
주님이 오시는 그날까지 최선을 다할 것입니다.

The Lord's Prayer

Written by

Suck-Whan Chang

Korean Edition
Copyright © 2013 by Christian Literature Crusade
Seoul, Korea

염창선 박사
호서대학교 교수

    기도는 기독교인들의 영성에서 가장 필수적인 요소들 중에 하나이다. 심지어 예수님도 기도하셨을 뿐만 아니라, 엘리야도, 모세도, 다윗도 모두 기도의 사람들이었다. 더욱이 수도사들은 기도를 통하여 더욱 거룩한 삶을 살고자 세상을 떠나 가장 고독한 곳으로 찾아 들어갔다. 동방교회의 영성에서 기도는 영적 순례에서 최고의 단계인 '하나님과 합일'의 단계에서 필수적이다. 이렇듯 기독교인들의 삶과 기도는 뗄 수 없는 관계에 있다.

    그런데 문제는 기도를 얼마나 열심히 하느냐보다 얼마나 정확하고 올바르게 하느냐가 관건이다. 곧 기도를 하는 열심의 정도보다는 기도의 방향이 중요하다는 말이다. 그러므로 테르

툴리아누스, 키프리아누스, 성 아우구스티누스 등 교회의 영적이며 신학적인 아버지라고 인정받는 교부(敎父)들도 기도에 대하여 수많은 저서들을 남겼으며, 특히 오리게네스는 『기도에 대하여』라는 책에서 기도(euche)라는 헬라어 단어의 원래 의미는 '서원(맹세)'과 '간구'라는 두 가지 의미를 가지고 있다고 했다. 그는 창세기 28장에서 야곱이 사다리 꿈을 꾸고 난후 서원한 것과 사무엘상 1장에서 한나가 아들에 대한 서원기도를 했음을 어원적으로 분석하면서 기도의 우선적인 의미가 '서원'임을 밝힌 바 있다. 이런 글에서 한결같이 얻을 수 있는 교훈은 기도의 중요성과 더불어 기도에 대한 올바른 방향과 방법에 대한 것이다.

따라서 이번에 하늘기쁨교회 장석환 목사가 그 동안 목회 현장에서 교인들과 더불어 일궈낸 경험을 통해서 터득해낸 기도의 중요성을 담아낸 책을 세상에 내 놓았다. 올바른 교회의 전통위에 있는 이 책은 독자들로 하여금 기도에 대한 올바른 태도와 주님이 가르쳐주신 기도에 대한 정확한 이해를 제공할 것으로 기대한다. 사실, 많은 기도 및 주기도 관련 서적들이 시중에 있기는 하지만, 어떤 것은 너무 두꺼워서 독자들로 하여금 책 속에서 길을 잃게 만들기도 하고, 어떤 것은 너무 한쪽으로 치우쳐서 전체 숲을 보지 못하게 만들기도 하지만, 장 목사의 책은 주기도를 집중적으로 다루면서도, 결코 두껍지 않으며, 기독교에 조금이라도 발을 들여 놓은 사람은 누구라도 이해하기 쉽도록 평이하게 설명해주는 친절한 안내서가 될 것이다. 청명한 가을, 시원한 가을이 왔다. 낙엽이 지는 벤치에 앉아 이 책 한 권을 손에 잡고 주기도의 의미를 다시 되새기며, 교회의 전통에서 앞서 갔던 이들이 했던 것처럼 주기도를 한 번 해보는 것도 기억에 남을 일이리라.

조현진 박사
한국성서대학교 신학부 교수

이 책은 기독교인들이 기도에 대해 어렵게 느끼는 여러 문제들을 다루고 있다. 기도는 저자가 지적하는 것처럼 기독교인들에게 가장 가까워야 할 신앙의 실천임에도 불구하고 어렵게 느껴지기도 한다. 교회를 섬기는 목회자로 기도의 문제를 오랫동안 고민하던 저자는 어떻게 하면 기도를 쉽게 할 수 있으며 어떤 기쁨이 있는지를 설명해 나간다. 그리고 기도의 본질에 대해 예수님이 가르쳐주신 주님의 기도의 모범을 따라 쉬우면서도 핵심을 찌르는 명쾌한 설명을 제공한다.

저자가 사용하는 "주기도문기도"라는 이 생소한 개념에서 우리는 저자가 지닌 기도에 대한 예리한 통찰력을 발견하게 된다. 저자는 주기도문을 우리 기도의 모범으로 활용하도록 제안하고 있다. 주님이 보여주신 기도의 모범에 따라 기도는 하나님과의 대화이며 기도할 때에 묵상해야 할 필요 등을 설명한다. 그리고 하나님이 요구하시는 기도의 모습이 무엇인지에 대해 자신의 고민을 함께 나누고 적절한 예화를 통해 이해를 돕는다.

    작은 책이지만 명쾌하게 신앙의 진리를 설명하는 이 책은 특별히 기도를 힘들어 하고 그 의미를 알고자 하는 현대 기독교인들에게 많은 도움을 줄 수 있는 작품이라 생각한다.

목차

추천사 1(염창선 박사)   5
추천사 2(조현진 박사)   8
시작하는 말   13

Part 1 기도란 무엇인가   25

   01. 기도는 하나님과의 대화다   30
   02. 기도하라   44
   03. 쉬지 말고 기도하라   49
   04. 기도는 내가 바뀌는 것이다   53
   05. 예수님이 가르쳐 주신 대로 기도하라(주기도문)   60

Part 2 주기도문 해설(2+7구조)   67

  Ⅰ. 기도 입구(하나님 부르기)   69

  Ⅱ. 기도제목(내용)   78

    01. 하나님 이름이 거룩히   78

    02. 하나님 나라   88

    03. 하나님의 뜻   99

    04. 일용할 양식   111

    05. 죄사함   124

    06. 시험에 들지 않게   142

    07. 악에서 구하옵소서   149

  Ⅲ. 기도 출구(송영)   155

Part 3 주기도문기도   163

  01. 주기도문기도란 무엇인가   166

  02. 예수님의 기도 실례   179

마치는 말   187

시작하는 말

　　신앙생활에서 기도가 차지하는 위치는 매우 크다. 바울은 디모데에게 쓴 편지에서 "하나님의 말씀과 기도로 거룩하여짐이라"(딤전 4:5)고 말하였다. 루터는 "기도와 묵상(말씀)과 시험이 모든 사람을 신학자로 만든다"고 말하곤 하였다. 말씀과 기도는 새의 양 날개와 같아서 말씀은 있으나 기도가 없거나, 기도는 있으나 말씀이 없으면 추락할 수밖에 없다. 말씀이 중요하듯이 기도도 중요하다. 때로 신학자들은 말씀보다 기도를 더 중요하게 여기기도 한다. 루터는 기도를 가장 중요하게 여겼다. 이 엠 바운즈는 "기도가 먼저요 연구와 목회 활동은 다음이다"라고 말하였다. 그렇게 기도는 신앙생활에서 매우 중요하다. 그런데 기도할 때 바른 기도가 중요하다. 엉뚱한 책을 들고 성경이라고 우기면 안 되듯이 기도도 기도가 아닌 것을 가지고 기도라 하면 안 된다. 우리가 하고 있는 기도는 바른 기도일까? 고장 난 날개는 제 기능을 발휘하지 못한다. 잘못된 기도는 추락의 원인이 된다.

여기에서 나는 독자에게 한 가지를 요청하려고 한다.

"나에게 있어 기도란 무엇인가?"

이에 대한 답을 솔직하게 50자 내외로 아래에 적어 보기를 바란다. 귀찮겠지만 꼭 기록해 주기 바란다. 그래야 이제부터 이야기하는 기도에 대해 더 실제적으로 다가갈 수 있을 것이다.

_____

_____

_____

_____

_____

한 가지 더 주문하고자 한다.

"나의 기도생활과 주기도문의 연관성이 무엇인가?"에 대한 답을 아래에 적어 보기를 권한다. 예수님이 가르쳐 주신 주기도문이 나의 실제 기도 생활에서 어떻게 적용되고 있는지 기록해 보라.

_____
_____
_____
_____
_____

세상의 기도와 기독교의 기도는 근본적으로 완전히 다르다. 이것을 분명히 알아야 한다. '기도'라는 동일한 단어를 쓰다 보니 때로는 혼동하는 경우가 있다. 그러나 그 내용은 천지 차이다.

세상의 기도는 일종의 탄원으로 자신이 원하는 것을 이루고자 한다. 자신의 욕망을 이루고자 한다. 그러나 기독교의 기도는 대화로서 하나님과의 대화를 통해 하나님의 뜻을 찾고 이루어 간다. 아담이 에덴동산에서 쫓겨난 이후 인류 역사 속에는 항상 기도가 있어 왔다. 무엇인가 항상 부족하기에(에덴 컴플렉스) 자신이 원하지만 힘이 없어 이루지 못하는 것에 대해 기도라는 형식을 빌어 요청하고 충족하고자 하였던 것이다. 나를 넘어선 어떤 위대한 이에게 나의 소원을 비는 것이다.

그러나 성경이 우리에게 가르쳐 주는 기도는 다르다. 완전히 다르다. 기독교인은 에덴동산에서 쫓겨난 이유가 자신이 원하는 것을 자기 뜻대로 행한 죄 때문이라는 것을 안다. 그래서 이 땅에서 자기가 원하는 것을 좇아가는 우를 다시 범하지 않는다. 그것은 또 하나의 선악과가 되기 때문이다. 대신 하나님의 뜻을 좇아간다. 지금 내가 원하는 것이 진정 하나님이 우리에게 주시는 것인지 그렇지 않은지를 분별할 수 있도록 기도한다. 기도할 때 하나님 앞에 엎드리게 되고 하나님 앞에 엎드림으로 하나님의 뜻을 알게 되어 신앙인은 바른 방향을 찾게 된다. 그래서 기도하는 것이다.

기도가 자신의 욕구를 충족시키는 또 하나의 선악과를 따먹는 것이 되지 않도록 주의해야 한다. 기도를 통해 선악과를 따먹고자 하는 우리의 욕구를 충족시키는 것이 아니라, 선악과를 따먹지 말라는 하나님의 말씀에 순종하는 시간이 되도록 해야 한다. 그래서 기도를 통해 우리의 욕구를 누르고 하나님의 뜻을 찾아야 한다.

기도는 신앙생활에 매우 중요하다. 그런데 성경조차도 이단들의 손에서는 읽을수록 더 해가 되기도 하는 것처럼, 기도도 바른 자세가 되어 있지 않으면 기도할수록 더 해가 될 수도 있다. 기도가 자신의 욕심만을 분출하고 욕심을 이루고자 하는 수단이 된다면 그것은 "자기를 죽이고 그리스도가 세워지는" 신앙에 역행하는 것이다. 그래서 바른 기도를 하는 것이 매우 중요하다.

나는 한국교회가 아름답게 되기를 소원한다. 하나님 보시기에 아름답고, 세상이 보기에도 아름다워야 교회는 참되고 성장한다. 그런데 현실은 그렇지 못한 것 같다. 최근의 통계자료를 보면 교회는 뒷걸음질 치고 있다. 이를 극복하기 위해 어떻게 해야 할까? 나는 기도가 바뀌어야 한다고 말하고 싶다.

자기 계발서적의 선구적 역할을 하고 있는 마든(Orison S. Marden)은 그의 저서 『미라클』(The Miracle, 21세기북스)에서 "생각이 바뀌면 인생이 바뀐다"고 말한다. 나는 이것에 부연하여 "생각이 바뀌기 위해서는 기도가 바뀌어야 한다"고 말하고 싶다. 기도가 바뀌면 생각이 바뀌고, 생각이 바뀌면 인생이 바뀐다. 그렇다면 지금 우리가 흔히 하고 있는 기도가 좀 더 내실 있는 기도로 바뀌기 위해서 필요한 것은 무엇일까?

오늘날 우리 기도의 답은 우리가 아주 잘 아는 것에 있다. 바로 주기도문이다. 성경에는 많은 기도가 기록되어 있다. 그러나 기도를 가르치기 위해 주어진 기도는 오직 하나다. 주기도문이다. 우리는 예수님이 가르쳐 주신 주기도를 생각할 때 주로 '주기도문'을 생각한다. 그러나 주기도는 단순한 기도문으로서가 아니라 우리의 실제 기도의 안내로 주어진 것이다. "이렇게 암송하여 낭독하라"가 아니라 "이렇게 기도하라"고 말씀하셨다. '주기도문의 가르침을 받은 기도'라는 뜻을 말하기 위해 '주기도문기도'라는 단어를 만들어 사용하고자 한다. 주기도문기도라는 말은 처음 들어볼 것이다. 나도 아직 다른 책에서 들어보지 못했다. 그러나 주기도문의 가르침을 받아 기도하는 것은 새로운 것이 아니다. 주님이 기도를 가르쳐 주신 이후로 많은 사람들이 그렇게 기도하였다. 주기도문의 안내를 받아 기도하는 것을 '주기도문기도'라고 이름을 붙이고 그렇게 기도하는 것을 말하고자 한다.

　지금까지 기도한 것을 돌이켜 보라. 당신의 기도에서 주기도문이 어떤 영향을 미쳤는가? 거의 없지 않은가? 그렇다면 무엇인가 잘못되어 있는 것이 아닐까? 기도를 알려 달라는 제자들의 요청에 예수님은 기도를 알려 주셨다. 그런데도 그 기도에서 배우지 못하였다면 그것은 분명 우리의 잘못이다. 오늘날 사람들에게 주기도문은 매우 친숙하다. 예배 시간에 축도를 대신하여 마침 기도로 많이 사용하기 때문이다. 주기도문을 그렇게 사용하는 것도 좋지만 우리의 기도 생활에 실제로 사용된다면 더욱 좋을 것이다. 주님이 친히 기도를 가르쳐 주신 것이 주기도문이다. 그런데 사람들은 주기도문을 일종의 기도문으로서 암송하여 낭송은 하지만 실제로 자신이 기도할 때에는 그렇게 기도하지 않는다. 주님이 가르치신 기도가 아니라 제멋대로의 기도를 하고 있다. 그러한 기도는 잘못된 신앙을 양산하고 때로는 기도에서 멀어지게 만든다.

　주기도문은 주님이 우리에게 친히 가르쳐 주신 것이다. 그렇다면 우리는 주기도에서 배운 바를 따라 기도하고 있어야 하지 않을까? 필자도 어려서부터 기도를 하였지만 목회자가 되고서도 한참 후에야 주기도문기도를 하기 시작했다. 전에는 기도가 재미없었다. 항상 다람쥐 쳇바퀴 도는 것 같았다. 그러나 주기도문기도를 하기 시작한 이후에는 기도가 재미있다. 기도가 새롭다. 그래서 주기도문기도를 모두와 나누고 싶다.

지도 없이도 서울을 찾아갈 수는 있는 것처럼 주기도문기도라는 것을 알지 못했어도 기도를 잘 하고 있기도 하다. 하나님의 사람들은 이미 기도할 때 내용적으로는 주기도문기도를 하고 있을 수도 있다. 그러나 지도가 있다면 더 잘 찾아갈 수 있을 것이다. 그래서 예수님이 우리에게 기도의 지도와 같은 주기도문을 가르쳐 주신 것이다. 그런데 그것을 사용하고 있지 않으니 참으로 안타까울 따름이다. 주기도문기도를 알면 기도에 있어 지도를 가진 사람과 같다. 그래서 기도가 달라지며 기도에 있어 올바른 길을 갈 수 있게 될 것이다. 기도하는 사람에게 주기도문기도를 강력히 권하고 싶다. 이 책을 끝까지 읽기 바란다. 우리는 주기도문기도를 통해 주기도문을 배우는 것이 아니라 기도를 배우는 것이다.

주기도문기도를 통해 우리가 무엇을 기도해야 하는지 알아보자. 무엇을 어떻게 기도해야 하는지 알아보자. 기존의 기도

방식 때문에 막연히 생겨났던 기도에 대한 부담과 따분함과 거부감이 해소되고, 기도가 우리를 지혜롭게 하며, 믿음으로 이끌며, 재미있고, 실제적이며, 우리의 가슴을 뜨겁게 하기를 기대하면서 이 책을 읽어보자. 이 책이 말하는 것은 주기도문에 대한 해설이 아니라 주기도에 따라 기도하는 것이다. 기도에 대한 이론만이 아니라 남녀노소 누구나 따라가야 하는 기도의 실재에 대한 것이다. 이렇게 기도할 때 "이렇게 기도하라"는 주님의 말씀이 이루어진다.

목회하면서 가장 안타까움을 느끼는 것은 기도하면서도 변하지 않는 사람들이다. 30년, 40년 새벽예배를 빠지지 않고 기도하면서도 변하지 않는 사람들이 있다. 왜 그럴까? 기도가 잘못되었기 때문이다. 우리가 어떤 위대한 현인을 매일 그렇게 만나 대화한다고 생각해 보라. 많이 변하지 않을까? 그런데 그토록 하나님을 만나 대화(기도)하고도 변하지 않았다면 기도에 문제가 있는 것이다. 자신의 기도를 점검하라. 그리고 바른 기도를 하자.

"기도의 주목적은 생활을 더 편하게 만들거나
기적적인 능력을 얻는 게 아니라 하나님을 아는 일에 있다."

− 필립 얀시

part 1
기도란 무엇인가

예수님이 가르쳐 주신
기도
The Lord's Prayer

주기도문기도를 본격적으로 시작하기에 앞서 기도란 무엇인가에 대해 먼저 짧게 살펴보고자 한다. 믿음은 지·정·의 세 요소가 함께 할 때 인격적인 믿음이 된다. 이 세 가지 요소를 칼로 무 베듯이 나눌 수는 없지만 성경은 지적인 요소에 중심적 역할을 하고, 기도는 감정적인 요소에 중요한 역할을 하며, 순종은 의지적인 요소의 핵심이다. 기도할 때 살아계시는 하나님을 실제적으로 알게 되고 그분과 세밀한 교통을 하게 된다. 그러기에 기도를 알아야 하나님을 실제적으로 느끼며 믿음생활에 힘을 가지게 된다. 그러므로 믿음을 알고자 하는 사람은 기도를 알아야 한다.

기도란 무엇일까? 기도(祈禱)의 한자의 의미를 살펴보면 빌 기, 빌 도이다. 그러니 "무엇인가를 신적인 존재에게 바라는 말"이라는 뜻이다. 이러한 생각은 영어의 기도(prayer)에서도 그대로 나타난다. 간청이나 요청을 의미하는 단어이다. 그러나 이 단어들은 기도에 대한 잘못된 생각을 전해 준다. 헬라어로 기도는 "하나님을 향한 서약"을 의미한다. 서약은 조금 더 깊은 관계를 전제로 한다. 서약이기에 기도하면 그것을 기억하고 내가 지켜야 한다. 그래서 매튜 헨리는 이렇게 말한다.

Part 1 기도란 무엇인가

> 기도라는 것은 우리가 하나님을 움직이고 그에게 의무를 지우는 일이 아니라 오히려 우리 스스로를 움직이고 우리 스스로에게 의무를 지우는 일이다.

일반적인 기도와 기독교의 기도는 근본적으로 다르다. 세상의 모든 기도는 자신의 원하는 것을 이루고자 간청하는 것이다. 지성이면 감천이라고 땅에서 하늘을 향하여 정성을 쌓는 것이다. 그러나 기독교의 기도는 하나님이 원하시는 것을 이루고자 한다. 하나님의 뜻이 더 좋다는 것을 알기 때문이다. 그래서 기도함으로 하나님의 뜻을 구하고 하나님의 뜻을 이루고자 한다. 그것이 기본이다. 나의 뜻도 하나님의 뜻 안에 있을 뿐이다.

기도를 많이 한다고 하는 사람들도 기도가 잘못되어 있는 것을 많이 본다. 기도가 무엇인지 아는 것이 중요하다. 매일 하고 있는 기도를 잘못하고 있다면 얼마나 큰 문제이겠는가? 기도는 말씀과 양대 축을 이룬다. 삶에서 기도만큼 중요한 일이 또 있을까? 그런데 오늘날 우리가 가장 잘 못하는 것 중에 하나가 기도다. 말씀은 텍스트가 되는 성경이 있기 때문에 잘못 해석하면 돌아갈 수 있다. 또한 많은 학자들이 성경을 연구하기 때문에 잘못된 성경 해석은 계속 고쳐진다. 그런데 기도는 어떠한가? 기도는 학자들이 많이 다루지 않는다. 기도는 누구나 하는 영역이다. 그러다 보니 기도가 주먹구구식이 되었고 아무렇게나 해도 되는 것처럼 되었다. 그러나 기도가 그렇게 마구잡이식으로 해도 되는 것은 아니다. 기도는 참으로 존귀한 것이기 때문이다. 이제는 기도가 자리를 찾아야 한다. 그래야 우리의 신앙도 제자리를 찾을 수 있다.

기도한다는 것은 철저히 하나님을 의지하고 신뢰한다는 것이다. 또한 그렇게 하겠다는 확고한 고백이다. 대화한다는 것은 상대방을 존중하고 배우겠다는 것이고 내가 그렇게 하겠다는 것이기도 하다. 말을 하고 정작 자신이 그렇게 하지 않으면 그것은 거짓된 것이다. 공부를 잘 하게 해 달라고 기도하는 것은 하나님이 그렇게 하실 수 있다고 믿기에 그렇게 하나님을 의지하며 기도하는 것이고, 또한 내가 그렇게 공부하겠다는 것이기도 하다. 공부를 잘하게 해 달라고 기도하면서 자신이 공부하지 않는다면 그 기도는 거짓이다. 그러기에 기도는 철저히 하나님을 의지하는 것이며 또한 자신의 책임이 수반하는 것이다.

01
기도는 하나님과의 대화다

기도는 하나님과의 대화다. 하나님과 대화하고 있는가? 일반적인 대화에서 가장 중요한 것이 무엇인가? 상호소통이다. 내가 하나님께 나의 마음을 전하고, 하나님이 하나님의 마음을 우리에게 전하셔야 기도(대화)다. 나는 기도하면서 하나님의 마음을 알게 되는가? 하나님이 나를 보시고 "역시 대화가 통한다"고 하실까? 아니면 먹통이라고 하실까? 내가 말할 수는 있지만 상대방 음성이 들리지 않는 핸드폰을 가지고 있다면 그것으로 대화할 수 있을까?

아이는 자라면서 부모와 대화하기 시작한다. 처음에는 대화할 때 서로의 의사를 잘 소통하지 못한다. 단지 몇 단어만 말할 수 있을 뿐이다. 그러나 서로를 알아가면서 아이는 부모의 마음을 아는 대화를 하게 된다. 물론 어쩌면 평생 알지 못하는 부분도 있겠으나 그래도 많은 부분 소통이 되지 않는가? 그렇다면 우리도 기도를 하면서 하나님과 소통을 하여야 하지 않을까? 소통하는 기도가 되어야 한다.

사람들은 왜 기도에 대해 어렵다는 선입관을 가지고 있을까? 허공에 대고 혼자 말하는 것과 같은 미친 사람의 모습이기 때문일까? 오래전에 기록되어 역사적 배경과 선지식이 필요한 성경에 비해 기도는 오늘날 나의 언어로 말하면 된다. 그런데도 왜 그렇게 어려워할까?

때로는 기도에 대해 너무 쉽게 말하는 사람들이 있다. 그래서 문제가 된다. 그들이 생각하는 기도는 어떤 것이기에 그렇게 쉽기만 할까? 기도는 대화이어야 하는데 혼자 일방적으로 말하니 어떤 사람에게는 어렵게 느껴지고 어떤 사람에게는 너무 쉽게 느껴지는 것이다.

기도란 무엇인가에 대한 일반적이고 가장 중요한 정의는 "하나님과 대화"이다. 하나님과 대화하는 언어가 기도이다. 그러니 기도라는 언어를 통해 우리는 하나님과 대화해야 한다. 성경은 하나님이 우리에게 말씀하시는 것이라면 기도는 우리가 하나님께 말씀을 드리는 것이 주를 이룬다. 그러나 분명한 것은 기도에서도 하나님이 우리에게 말씀하시는 부분이 있다는 것이다. 이것을 알지 못하면 기도는 일방통행의 언어가 되고 재미가 없어진다.

그렇다면 기도에서 하나님이 우리에게 말씀하시는 것을 어떻게 들을 수 있을까? 기도할 때마다 우리는 최대한 모든 마음을 다하여 하나님이 기뻐하시는 것이 무엇인지 생각해 보아야 한다. 그리고 그때 생각되는 것이 하나님의 음성이라고 판단하면 틀리지 않을 것이다.

물론 이 생각은 일반계시에 속하기 때문에 조심하여 다루어야 한다. 혹시 직접 육성으로 말씀하시는 것을 들은 것 같아도 여전히 조심하여 다루어야 한다. 우리가 기도할 때 생각되는 하나님의 뜻은 특별계시가 아니다. 우리의 생각과 욕심과 하나님의 뜻이 혼합되어 있다. 그래서 모든 일반계시가 그러하듯이 특별계시의 조명을 받아야 한다. 기억해야 할 것은 혼합되어 있다 하여 그것을 무시해서는 안 된다는 것이다. 우리는 기도를 통해 하나님의 인도하심을 받으며 살아야 한다.

기도는 말씀의 조명을 받아야 한다. 말씀을 벗어난 기도는 잘못이다. 기도하면서 하나님의 음성을 들었다고 하는 이들이 많은데 먼저 그러한 것이 말씀이라는 테두리 안에 있어야 하며, 성경처럼 여겨서는 안 된다. 그러나 중요한 것은 우리가 성경을 통해 인도함을 받는 것처럼 기도를 통해서도 하나님의 인도하심을 받아야 한다는 것이다. 기도를 통해 하나님의 인도를 받는 것이 특별계시처럼 확실하지는 않지만 우리를 인도하시는 하나님의 아주 중요한 방법임에는 분명하다. 그러므로 기도하면서 하나님의 인도하심을 깨닫는 사람이 되어야 한다. 이것이 없으면 그 사람의 신앙은 무미건조해져 결국 고사될 것이다. 기도를 통해 인도를 받아야만 우리의 삶이 거룩해진다. 그러기에 기도를 통한 성경의 인도하심에 눈이 띄어야 한다.

우리가 어떤 것에 대해 기도할 때 정직하게 겸손하게 나의 마음을 열고 있는 그대로 아뢰면 하나님의 말씀이 생각나고, 때로는 하나님이 주시는 지혜로운 방법이 생각나기도 한다. 이 때 중요한 것은 오직 하나님의 영광과 나라와 뜻을 구하는 자세이어야 한다. 그러한 바른 자세를 가지면 기도할 때의 생각을 하나님께서 사용하셔서 하나님과의 대화가 가능하게 하신다. 사람들이 기도에 대해 생각할 때 보통 제일 먼저 떠오르는 것이 대표기도다. 그래서 개인기도도 대표기도처럼 하곤 한다. 그러나 대표기도는 기도의 전형적인 모양이 아니다. 대표기도는 다른 사람을 대표하여 하는 기도다. 그러기에 준비하여야 하고, 시간적으로 쉼이 없어야 한다. 무엇보다 보통 기도하기 전에 무엇을 기도할지 주로 먼저 결정한다.

우리가 흔히 하는 기도는 개인기도이다. 개인기도를 대표기도처럼 해서는 안 된다. 대표기도를 할 때 기도자는 쉬지 않고 기도한다. 그렇다보니 사람들이 기도를 생각할 때 그렇게 쉬지 않고 기도하는 것을 흔히 생각한다. 그러나 그것은 대표기도라는 아주 제한적 상황에서만 그러한 것이다. 일반적인 기도에서는 멈춤이 필요하다. 물론 기도하는 도중에도 하나님이 말씀하시는 것을 느낄 수 있다. 그러나 멈출 때 하나님의 말씀을 더욱 잘 들을 수 있을 것이다.

기도는 하나님과의 대화다. 대화하는데 다 결정해 놓고 하면 대화가 매우 제한된다. 하나님께 하고 싶은 말을 하라. 순간순간 하고 싶은 말을 하라. 그리고 그것에 대한 하나님의 마음을 생각해 보라.

때로는 생각하려 노력해야 하고, 어떤 때는 그냥 직관적으로 생각날 것이다. 그렇게 대화하라. 평상시 대화하는 기도를 하라. 대화를 잘 하는 사람은 자신의 마음을 잘 전달하고 상대방의 마음을 잘 전달받는다. 우리의 기도가 좋은 대화가 되도록 나의 마음을 잘 전달하는 방법이 무엇이며 하나님의 마음을 잘 전달받기 위해 어떻게 해야 하는지를 잘 생각해 보아야 한다.

기도할 때 생각은 중요한 위치를 차지한다. 그 생각은 하나님이 우리에게 말씀하시는 수단이 된다. 그러기에 기도하면서 계속 생각하라. 그 생각은 거룩한 생각이다. 기도 중에 그 기도에 대해 하나님이 어떻게 말씀하실지 생각하라. 하나님의 생각이 어떨지 생각하라. 하나님께 정직하게 마음을 열고 생각하라. 그러한 생각이 때로는 나의 지식의 한계 안에 있을 것이다.

그러나 하나님의 뜻은 대부분 나의 한계를 넘어 주어지지 않는다. 나의 지식의 한계와 여러 한계 속에서 주어진다. 그러니 생각되는 모든 것이 특별계시처럼 옳은 것은 아니지만 그러나 많은 경우 옳다. 그러니 정직하게 하나님 앞에 엎드리고 주어지는 생각에 대해 정직하게 마주하는 것이 필요하다. 또한 그렇게 기도할 때 하나님은 나의 한계를 뛰어넘어 더욱 놀라운 것으로 인도하는 경우도 경험하게 될 것이다.

기도할 때 떠오르는 생각에 순종하라. 그리고 또한 아주 놀라운 방식으로 나에게 말씀하시는 하나님의 인도하심에 순종하라. 그러나 그러한 모든 것은 말씀의 조명 아래 있어야 한다. 말씀의 조명 아래에서는 모든 생각이 가하다. 이러한 하나님의 인도하심은 어떤 기이한 현상으로 인도하실 때보다 더 강렬하지 않고 확신이 서지 않는다.

그러나 이것이 중요하다. 어떤 면에 있어서는 강렬한 그 어떤 인도하심보다도 더 중요하다. 그러한 강렬한 인도하심이 일년에 한 번 먹는 특별식이라면 이것은 주식이다. 매일 먹는 밥이다. 그렇게 특별하게 먹는 보양식도 필요하지만 매일 먹는 밥이 더 중요하다. 때로는 매우 맛없게 먹은 밥이라도 더 필요한 것처럼 말이다.

그리고 이렇게 기도하며 순종하는 생활을 할 때 이제 그렇게 기도하면서 하나님의 뜻이라고 생각되는 것 안에 숨겨진 나의 생각들이 조금씩 걸러지는 것을 배우게 된다. 기도하기 전에는 자신의 욕심으로 소원하였었고 처음 기도할 때도 그렇게 기도하였지만 기도하면서 하나님의 뜻을 깨달아 기도내용이 바뀌어야 한다. 그것이 대화하는 진정한 기도다.

대화의 기본은 배려다. 사람과 사람이 만나서 대화할 때도 상대방을 배려한다. 내가 이 말을 하면 상대방이 어떻게 생각할지를 생각한다. 그리고 상대방의 의견을 항상 고려한다. 그것처럼 우리의 기도는 실제적으로 하나님의 생각을 배려하고 마음을 생각하며 해야 한다.

기도하는 것을 들어보면 하나님을 대상으로 하지 않는 기도를 많이 본다. 청중을 대상으로 기도하고, 틀에 박힌 기도를 하며, 앞뒤가 맞지 않는 기도를 한다. 그것은 자신의 말에 진실성이 없고 하나님이라는 대화의 상대에 대한 진지한 고려가 없기 때문이다. 그것은 하나님을 무시하는 것이다.

기도란 대화이기에 내가 말하기만 하는 것은 반밖에 안 된다. 아니 그 반도 안 되는 것이다. 그러나 그것이라도 일단 시작하라. 그리고 조금씩 듣기를 시도하라. 듣기의 가장 초보적 단계는 기도할 때 떠오르는 생각이다. 하나님을 바라보면서 기도할 때 생각나는 것에 바로바로 응답하면서 기도해 보라.

사람과 대화해도 지혜가 느는데 하나님과 대화하면서 지혜가 늘지 않는 것은 잘못된 기도를 하기 때문이다. 바른 기도를 하고 나면 지혜가 든다. 지혜로운 하나님의 의견을 들었기 때문에 매우 지혜로워진다. 대화 상대방이 좋은 사람이라면 대화는 재미있다. 유익하다.

그렇다면 기도의 대상이신 하나님은 어떠한가? 하나님은 좋은 분이다. 그 좋으신 분이 우리에게 특별히 시간을 내 주셔서 함께 대화하시는 영광의 자리가 기도다. 그런데 우리는 그 시간을 또 너무 허비하고 있지는 않은가? 지혜가 생기지도 않고, 유쾌하지도 않고, 행복하지도 않다면 그것은 분명 문제가 있는 기도다.

아직도 기도가 부담이라면 그것은 바른 기도가 아니기 때문이다. 실제적인 기도가 아니기 때문이다. 우리의 기도가 조금 더 바른 방향, 실제적인 기도가 되어야 한다. 그래야 기도가 즐겁고 실제적이 된다.

만약 어떤 사람이 자신의 하루를 30분간 반성하면서 산다면 어떻게 되겠는가? 그 사람은 올바른 길을 더 많이 가지 않겠는가? 만일 어떤 사람이 하루에 30분간 계획하는 시간을 가진다면 어떻게 될까? 조금 더 계획적인 인간이 되지 않을까? 그런데 왜 기도는 그렇지 못하는 경우가 많을까? 너무 많은 기도가 그렇게 낭비되고 있다. 혼자만의 욕심의 나열로 끝나는 경우가 많다. 그래서 그 귀중한 시간을 허비한다.

기도는 반성과 계획을 하나님 앞에서 하는 것이다. 자기 혼자 반성하고 계획하는 것이 아니라 하나님 앞에서 하나님의 이름으로 반성하고 계획하는 것이다. 그러니 기도를 하면 나 혼자 반성하고 계획한 것보다 더 바른 반성이 되고 훌륭한 계획이 나와야 한다. 그래야 두 사람이 머리를 맞댄 결과가 나오는 것이 아니겠는가? 그래야 전능하신 하나님과 머리를 맞댄 결과가 나오는 것이 아니겠는가?

가롯유다의 죄가 무엇인지 아는가? 그는 자기가 옳다고 여기는 것을 위해 예수를 팔았다. 그의 죄는 예수님을 판 죄가 아니라(그는 예수님이 구주임을 몰랐으니) 옳다고 여기는 자기 착각 속에서 대의를 위해 작은 것을 희생해도 된다는 잘못된 생각으로 행동한 것이다.

사람들은 자신의 편협한 생각 속에서 거짓을 옳은 것으로 착각하며 행동하는 경우가 많다. 그것이 바로 가롯유다의 죄였다. 조심하지 않고, 겸손하지 않고, 자기 것만 주장하면서 다른 사람의 말은 듣지 않는다. 그렇게 예수님을 따라다니면서도 예수님의 말씀이 귀에 들어오지 않았다. 자기 말만 하고 상대방의 말을 듣지 않는다면 어찌 대화가 되겠는가?

그런데 오늘날 기도하는 사람들이 그런 우를 범하는 경우가 많다. 기도를 통해 더 열린 마음을 갖는 것이 아니라 자신의 거짓을 더 확립한다. 자신의 고집을 더 확고히 한다. 그리고 계속 기도한다. 자신의 그 거짓을 더 행할 수 있도록 힘을 달라고 기도한다.

누군가가 이렇게 말하는 것을 들어 보았을 것이다. "하나님이 이렇게 말씀하셨어요." 그것은 대부분 하나님이 그 사람에게 귀로 들을 수 있는 어떤 말씀을 하셨다는 것이 아니다. 그렇게 느낀 것이다. 그렇게 생각된 것이다. 물론 어떤 특별한 경우는 하나님이 우리에게 귀로 들을 수 있는 소리로 말씀하실 때도 있다. 그러나 그것은 평생에 몇 번 있을까 말까 한 예외적인 것이다.

직접 말씀하신 것이 아니어도 성경에 합당하며 자신에게 주시는 하나님의 말씀이라고 생각되면 하나님의 뜻이라 여겨도 무방하다.

만약 어떤 사람이 자신은 항상 하나님이 귀로 들리게 말씀하신다고 주장하는 사람이 있으면 그를 신령한 사람으로 생각하지 말고 어리석은 사람으로 생각해도 된다. 그 사람은 미친 사람이거나 거짓의 사람이거나 악한 사람이다. 그렇게 말함으로써 자신을 영적인 어떤 높은 위치에 놓으려는 나쁜 사람이다.

하나님은 모든 사람에게 말씀하신다. 이미 성경 말씀이 그러하며 그리고 기도를 통해서도 그러하다. 공적인 권위로서 하나님의 복을 대표하는 기도를 하는 축도가 아니라 어떤 신령한 사람에게 기도 받으러 간다는 것은 기도의 의미를 모르기 때문에 하는 말이다. 기도는 어떤 사람이 뛰어나서 효과적인 것이 아니라 하나님이 위대하시기에 효과적인 것이다. 그러니 기도 받으러 갈 시간이 있으면 스스로 기도하라. 기도 받으러 가면 분명히 문제가 생길 것이다. 그러나 혼자서 기도하면 분명히 좋은 일이 있을 것이다. 기도는 인격적인 대화이지 마법 같은 어떤 것이 아니다.

기도의 또 하나의 이미지는 정화수 떠 놓고 아침마다 지극정성으로 기도하는 것이다. 자식을 위해, 남편을 위해, 그 누군가를 위해 사업이 잘 되고 건강하도록. 그러나 그것은 기독교의 기도가 아니다.

샤머니즘 영향으로 인해 기도의 내용은 천편일률적이 되었다. 그래서 대상의 이름만 바뀌고 내용은 같다. 그렇게 기도하기 때문에 기도가 기도답지 못하다. 인격적인 하나님을 만나는 기도가 아니라면 아무리 하나님의 이름을 불러도 기도가 아니다. 나와 대화하시는 살아계시는 하나님과 대화해야 기도다.

대화는 구체성이라는 특성을 가지고 있다. 대화가 추상적이라면 예의적인 인사치레와 같은 대화가 된다. 그러나 친밀할수록 대화는 구체적이다. 기도는 말씀보다 더 구체적이어야 한다. 기도할 때 말씀에 순종할 힘을 달라고 기도하기도 하지만 무엇이 하나님의 뜻인지 모르는 것을 더 알 수 있도록 기도해야 한다.

예를 들면 결혼을 기독교인과 해야 한다는 것은 성경을 통해 분명히 말씀하고 있지만 구체적으로 누구와 결혼해야 하는지를 말씀하고 있지 않다. 그러면 상대가 기독교인이라면 아무하고나 결혼해도 되는 것인가? 아니다. 기도함으로 하나님의 인도하심을 받아야 한다. 기도해야 바르게 선택할 수 있다. 기도하지 않으면 구체적으로 어떤 사람인지를 선택하는 것은 순전히 나의 생각이다.

우리는 말씀을 기준으로 하여 살지만 또한 말씀 안에서 세밀하게 인도 받아야 할 것이 많다. 바로 그 부분을 기도하면서 인도 받아야 한다. 세밀하지만 매우 중요한 부분이다. 그런데 기도의 실상을 보면 많은 사람들이 기도를 말씀보다도 더 외곽에서 기도한다. 말씀 안으로 들어가야 하는데 말씀보다 더 뭉뚱그려 기도한다. 그러다 보니 기도가 너무 추상적이고 기도할 내용이 없다. 기도는 조금 더 실제적이고 구체적이어야 한다. 스스로 대화라고 느낄 수 있는 기도를 하라.

우리의 기도가 살아계신 하나님과의 진정한 대화가 되게 하

라. 편안한 대화, 구체적이고 실제적인 대화가 되게 하라. 기도가 하나님과의 대화로 느껴지기 시작할 때 기도가 기도되는 시점이다.

02
기도하라

　기도에서 제일 중요한 것은 "기도하라"는 주님의 말씀대로 시도하는 것이다. 어린아이가 말을 잘 하지 못할 때도 어떻게 하는가? 무조건 말한다. 무조건 말하는 것에서 대화는 시작한다. 그러니 이 책의 많은 이야기를 읽기 전에 먼저 알아야 할 것은 무조건 기도하는 것이다.

　기도는 어려운 것일 수 있다. 그러나 또한 가장 쉬운 것일 수도 있다. 단지 하나님과의 대화이니 그냥 말하면 되는 것이다. 하나님께 연설하라는 것이 아니다. 하나님께 멋있는 시를 쓰라는 것도 아니다. 기도는 하나님과의 대화이기 때문에 사람들과 대화하는 것보다 더 쉽다. 사람들은 대화에서 내가 사용한 말을 잘못 알아듣고 오해하기도 하지만 하나님은 그렇지 않으시다. 우리의 언어가 조금 잘못되었어도 정확히 알아들으신다. 우리가 "거시기"라고 말해도 하나님은 다 알아 들으신다. "아~"하기만 해도 알아들으신다.

　실수하는 것을 두려워하지 마라. 기도에는 실수가 없다. 목회를 하면서 성도들의 입에서 "나는 기도를 못한다"는 말을 많이 듣는다. 어떤 권사님은 "다른 것은 다 하겠는데 대표기도만은 못하겠다"고 말한다. 그러나 그것은 기도를 하나님과의 대화가 아닌 사람과의 대화로 오해하기 때문이다. 하나님과의 대화는 아무리 못해도 상관 없다. 사실 못하는 기도는 없으니까.

그래도 기도를 어려워하는 사람을 위해 한 가지만 말하고 넘어가고자 한다. 기도에도 형식이 있다. 단 한 가지 형식이다. 개인기도 할 때는 이 형식을 지키지 않아도 되지만 대표기도를 할 때는 이것을 하지 않으면 다른 사람이 마지막에 조마조마해 한다. 그것이 무엇일까? 이쯤 되면 아마 다 정답을 생각하고 있을 것이다. 그렇다. "예수님 이름으로 기도드렸습니다. 아멘"이다. 이것만 하면 된다. 이것만 알면 대표기도도 걱정할 필요가 없다. 형식은 완전히 맞는 것이니까.

나는 목회를 하면서 이제 교회에 나온 지 얼마 안 된 사람들이 혹 이 형식을 빼 먹었지만 좋은 기도를 하는 것을 많이 들어 보았다. 그러니 이제 기도 못한다는 말 하지 말고 그냥 기도하라. 혹시 대표기도는 못하더라도 개인기도는 꼭 하라. 진정한 마음으로.

무엇을 기도해야 하는지 모르겠다고? 사람과 사람 사이에서도 서로 잘 모르면 무엇을 말해야 할지 잘 모른다. 그러면

"하나님"하고 이름만 불러도 된다. 하나님을 바라보고 있는 것도 아주 훌륭한 기도 중에 하나이다. 여하튼 기도는 일단 무조건 시작하라. 가장 좋은 기도는 진실한 마음의 고백을 하는 것이고, 하나님의 마음이 무엇일지 생각해 보는 것이다. 대화의 기본은 정직한 것이니 그렇게 정직하게 마음을 열면 어떤 말을 해도 된다.

한국 사람이 영어를 못하는 대표적 이유 중에 하나는 체면이다. 쑥스러움 때문에 말을 하지 않는다. 못해도 해야 하는데 완벽하게 문장을 만들어서 하려하고 조금 못하는 것 같으면 아예 말을 하지 않는다. 그러니 영어회화가 늘지 않는다. 그래서 영어를 오랫동안 공부하고도 말은 하지 못한다. 이렇게 말하는 나 자신도 영어를 말함에 있어 수다스럽지 못하다.

그런데 혹 영어는 그렇다 하더라도 하나님과의 대화 언어인 기도는 조금 수다스럽자. 그냥 기도하라. 이것이 기도의 시작이요 기도에 있어 매우 중요하다. 어린아이가 "엄~마"하는 것처럼 "하나~님"해 보라. 그것이 기도다. 기도는 호흡과 같다. 태어난 아기가 바로 호흡하듯이 신앙을 가지면 바로 기도하기 시작해야 한다.

그런데 기도에 대한 이상한 부담이 있어 기도하지 못하는 경우를 많이 본다. 그것은 잘못이다. 기도를 부담스럽게 여기는 것은 사람을 의식하기 때문이다. 처음부터 대표기도를 하라는 것이 아니다. 그러나 개인기도는 처음부터 해야 한다. 신앙인이 되면 가장 먼저 기도부터 시작해야 한다.

기도의 유익을 어찌 다 말로 할 수 있겠는가? 기도를 못한다 말하지 말고 그 시간에 직접 기도하는 것이 제일 좋다. 기도하지 못한다는 것은 벙어리로 생활하는 것과 같다. 벙어리로 생활하는 것이 답답한 것처럼 기도하지 않고 신앙생활을 하는 것은 참으로 답답하다. 기도함으로 우리는 전능하신 하나님을 알아야 한다. 나 한 사람을 사랑하시는 하나님을 개인적으로 만나는 시간이 되어야 한다.

기도한다는 것과 하지 않는다는 것은 사람들이 흔히 생각하는 것처럼 그리 간단한 것이 아니다. 사소한 차이가 아니다. 기도한다는 것은 미사여구를 사용하여 기도말을 잘하는 것이고 하지 않는다는 것은 아직 그것에 익숙하지 않은 것이 아니다. 기도한다는 것은 하나님을 의지한다는 것이고 기도하지 않는다는 것은 하나님을 의지하지 않는다는 것이다.

이것은 매우 큰 문제다. 나의 모든 부분에 있어서 하나님을 의지해야 한다. 그것이 믿음이다. 그러니 기도를 하고 하지 않고는 멋있고 그렇지 않고의 차이가 아니라 참으로 근본적이고 중요한 차이라는 것을 알아야 한다. 기도한다는 것은 내 삶에 하나님을 인정하는 것이고 초청하는 것이다. 기도하지 않으면 내 삶에 나 밖에 없다. 기도하면 내 삶에 하나님이 함께 계신다. 그러니 당연히 기도해야 하지 않겠는가? 이제 무조건 기도하라.

눈을 들어 하나님을 바라보라. 그 하나님께 마음을 열고 입을 열어 기도하라. 일단 시작하라. 잘 모르겠더라도 시작하라. 진실한 마음만 있으면 된다.

03

쉬지 말고 기도하라

항상 기도해야 한다. 내가 필요할 때만 기도하는 것이 아니라 항상 기도해야 한다. 하나님은 항상 우리에게 말씀하시기를 원하기 때문이다. 유대인들은 하루 3번의 정해진 기도 시간이 있다. 이슬람 교도들은 하루에 5번 시간을 정해서 기도한다. 그리고 우리 기독교인은 쉬지 않고 기도한다. 우리는 항상 기도해야 한다. 모든 일에 기도해야 하고, 중요한 일에 기도해야 한다. 항상 기도하지 않으면 항상 망한다. 항상 기도하면 모든 일이 하나님께 드려지는 삶이 된다.

기도라는 단어를 들으면 생각나는 이미지를 그려보라. 많은 사람들이 기도하면 '대표기도'를 생각한다. 화려한 수사어구가 들어간 기도를 많은 사람들 앞에서 하는 그 모습을 생각한다. 아니면 어떤 사람은 새벽기도를 생각할 것이다. 새벽에 어렵게 일어나 많은 시간을 들여 기도하는 모습을 생각한다. 그래서 기도는 어렵고 힘들다. 나 같은 보통 사람들은 하지 못하고 특별한 사람만 할 수 있는 것으로 여겨지기도 한다.

그렇다면 기도에서 가장 기본적인 이미지는 무엇이어야 할까? 나는 "쉬지 말고 기도하라"(살전 5:17)를 말하고 싶다. 어떤 사람들은 "쉬지 않고 기도하는 것"을 어떻게 하느냐고 말한다. 오히려 이것을 가장 부담스러워하기도 한다.

그러나 이것은 가능하다. 이것은 쉽다. 이것은 기도에 있어 가장 기본이다. 항상 기도하는 것은 대표기도나 새벽기도와 같은 모든 기도를 포함한다. 더불어 이것은 평상시에 하나님께 마음이 열려 있는 모습을 말한다. 하나님을 바라보는 것이다. 하나님께 말하는 것이다. 때로는 탄식한다. 하나님 앞에서 아파한다. 하나님의 뜻을 생각하며 산다.

기도는 영적 호흡이라고도 한다. 호흡은 몰아서 쉬는 것이 아니라 항상 쉬어야 한다. 그것처럼 기도는 항상 해야 한다. 물론 때로는 시간을 내서 따로 기도하는 것이 필요하다. 그러나 그보다 더 중요한 것은 평상시에 항상 기도하는 것이다. 순간순간 기도해야 한다. 과묵한 사람은 그냥 하나님을 바라보기만 해도 된다. 하나님 앞에 서서 그분을 바라보고 짧지만 진실된 마음을 고백하라. 그리고 들으라.

사람들은 어떤 문제가 생겨야 기도한다고 생각한다. 그러나 우리는 항상 기도해야 한다. 우리는 그 문제만 해결되면 되는 존재가 아니라 항상 하나님 안에 있어야 하기 때문이다. 우리는 전적으로 무지하다. 악하다. 그래서 항상 하나님을 의지하여 기도해야 한다. 기도함으로 하나님의 뜻이 무엇인지를 알고, 기도함으로 하나님 안에 거할 수 있다. 그래서 항상 기도해야 한다. 하나님을 의지하지 않고 살 수 있다고 생각하는 것은 매우 어리석은 일이다.

기도는 하나님을 경험하는 아주 중요한 수단이다. 하나님을 개인적으로 경험하는 중요한 수단이다. 기도는 하나님이라는 이름을 만나게 하기도 하지만 여호와라는 이름을 더 경험하게 한다(하나님이라는 이름은 엘로힘이라는 히브리어를 번역한 것인데 이것은 전능자, 지고의 신이라는 뜻을 가진 일반명사이다. 그래서 이 이름은 높이 계신 하나님을 표현할 때 자주 사용된다. 그런데 여호와는 히브리어 음을 그대로 사용하였으며 이것은 잘한 번역이다. 여호와는 고유명사이기 때문이다. 여호와는 한 사람이 개인적으로 하나님을 친밀하게 만날 때 더 자주 사용한다. 가까이 계신 하나님을 만날 때 자주 사용된다).

Part 1 기도란 무엇인가

성경은 말씀과 기도로 거룩해진다고 하였다. 말씀이 조금은 더 일반적이고 포괄적이라면 기도는 그것을 조금 더 세밀하게 하고 구체적으로 만든다. 다 아는 사실도 기도하지 않으면 그 말씀이 내 삶에서 이루어지기 어렵다. 기도할 때 말씀이 구체적으로 내 삶에 적용되고, 말씀을 지킬 힘도 생긴다. 그때 하나님을 경험한다. 말씀을 통해 알게 된 것을 지키기 위해 기도하면서 부단히 나아갈 때 그 속에서 역사하시는 하나님을 경험한다. 인도하시는 하나님을 경험한다. 그래서 하나님을 닮아간다. 거룩해진다. 그러니 쉬지 말고 기도해야 한다.

쉬지 말고 기도하라는 것은 모든 것을 기도하라는 것이다. 항상 하나님을 향하여 마음을 열어 놓고 있으라는 것이다.

04
기도는 내가 바뀌는 것이다

　가장 정결하신 하나님 앞에서 그분의 이야기를 듣고도 어찌 자신의 죄를 깨닫지 못하는가? 최고로 지혜로우신 그분과 대화를 하면서도 어찌 지혜롭게 되지 못하는가? 그것은 기도가 잘못되었기 때문이다. 잘못된 기도는 자신의 악을 더욱 합리화하고 자신의 생각을 더욱 고착화한다.

　잘못된 것을 가지고 기도한다. 그것이 꼭 이루어지게 해 달라고 기도한다. 하나님께 기도했으니 하나님이 이루어 주실 것이라는 자기 확신을 가진다. 그래서 다른 사람들의 말은 들리지도 않는다. 하나님께 기도했으니 하나님이 책임져 주신다고 생각한다. 그것이 자기 확신이요 자기 기만이라는 것을 모르고 믿음이라는 이름으로 확신한다. 계속 거짓된 것을 가지고 고집 부린다. 그 고집이 신앙이라는 이름으로 포장되고 더욱 잘못된 길로 간다.

　매일 기도한다. 열심히 기도한다. 그러면 그 기도와 열심은 어떻게 되는가? 그때의 기도와 열심은 오히려 불신앙을 조장한다. 이처럼 잘못된 기도는 위험하다. 잘못된 기도는 한 사람을 심각한 불신앙으로 이끈다.

　기도하는 사람은 아름답다. 참된 기도를 하는 사람은 아름답다. 아름답지 않으면 그 사람은 기도하는 사람이 아니다. 점치는 사람이거나 자기 환상에 사로잡힌 사람이다. 그런 사람들이 기도해 준다는 말을 곧이 듣고 쫓아다니는 사람들이 있다. 그런 속임수에 속지 말라. 기도는 그렇게 미신적인 것이 아니다. 기도를 미신에서 끌어내야 한다. 우리가 생각하는 그런 미신적인 기도관이 우리를 해치고 있다. 우리의 영성을 해치고 기도를 하지 못하도록 방해한다.

　간청기도는 자신을 깊이 성찰하는 기도이다. 밥을 먹지 않고 떼를 쓰는 자식을 아버지는 기뻐하실까? 육신의 질병이 낫기를 간구하던 바울의 간청기도가 있었다. 그는 그 기도를 통해 "내 은혜가 네게 족하다"는 대답을 들었다. 다윗도 자신의 아들이 죽지 않도록 간청기도를 하였다. 그의 자식이 죽을 것임을 알면서도 하나님의 긍휼을 바라며 간절히 기도하였다. 간구에도 불구하고 그의 아들이 죽었을 때 그는 기꺼이 받아들인다. 기도하면서 하나님의 뜻을 알았기 때문이다.

　야고보와 요한의 어머니가 용기를 내어 자식의 출세를 위해 간청하였을 때 예수님은 그가 그것의 의미를 아는지 물으셨다. 우물가의 여인이 예수님께 영생하는 물을 달라고 간청하였을 때 예수님은 그가 원하는 물(우물의 물처럼)이 아니라 자기 자신을 소개하셨다.

간청에서 이루어야 하는 가장 큰 것은 자기 자신의 변화이다. 간청하고자 하는가? 그렇다면 자기 자신이 변화될 준비가 되어 있어야 한다. 그런데 많은 사람이 자기를 변화시키지 않고 하나님을 변화시키려 덤벼든다. 그리고 혼자 나가떨어진다. 그리고 "기도해도 들어주시지 않네"라고 불평한다.

자신은 변하지 않고 하나님만 변하기를 원하는 기도는 교만한 기도이다. 그것은 자기는 맞고 하나님이 틀리다고 주장하는 것이나 마찬가지이다. 자신이 변함으로 하나님이 변하시기를 원하는 것이 진정 겸손한 기도이다. 내가 어떻게 바뀌어야 하는지를 기도하며 깨달아야 한다. 내가 그렇게 변화됨으로 우리에게 좋은 것을 주시기를 원하시는 하나님의 선하신 뜻이 우리 안에 새롭게 이루어지기를 바라야 한다.

기도하며 먼저 내가 변해라. 하나님의 뜻에 합한 사람으로. 악을 행하면서 기도를 많이 하였다 하여 기도에 응답이 될 것이라고 생각하는 것은 참으로 어리석음의 극치이다. 사람들은 흔히 기도의 응답이 하나님께 달려 있다고 생각한다. 맞다. 그러나 어떤 면에 있어서는 사람에게 달려 있다고 말할 수도 있다.

여호와의 손이 짧아 구원하지 못하심도 아니요 귀가 둔하여 듣지 못하심도 아니라 (사 59:1).

기도 응답을 하지 않으시는 것은 하나님이 능력이 없으셔서가 아니고, 듣지 못하셔서도 아니라고 말씀한다. 하나님이 기도 응답을 하시지 않는 것이 아니라 사람이 기도 응답을 막고 있다.

기도에서 제일 중요한 것은 '기도를 통해 무엇이 변화되기 원하는가'이다. 보통 사람들은 하늘 보좌를 움직이기 위해 기도한다. 그러나 사실 기도는 나의 보좌를 움직여야 한다. 하나님과 내가 만나면 누구의 생각이 더 뛰어나겠는가? 하나님의 생각이 더 뛰어나지 않겠는가? 그렇다면 누가 바뀌어야 하는가? 내가 바뀌어야 하는가 하나님이 바뀌셔야 하는가? 당연히 내가 바뀌어야 한다.

그런데 사람들은 항상 하나님이 바뀌셔야 한다고 생각한

다. 내가 바뀌면 하나님도 바뀐다. 내가 바뀐다는 것은 내가 하나님의 은혜를 받을 수 있는 사람이 된다는 것을 의미한다. 그렇게 하나님의 은혜를 받을 수 있는 그릇으로 바뀌면 하나님도 마음을 바꾸셔서 우리에게 더 많은 것을 부어 주실 것이다.

문제는 우리 자신이다. 우리는 하나님의 은혜를 간구하는데 사실 하나님은 언제든지 우리에게 은혜를 주시고자 하신다. 주실 준비가 되어 있다. 그런데 항상 우리가 그 은혜를 받을 준비가 되어 있지 않다. 그러니 기도하여 바뀌어야 하는 것은 하나님이 아니라 우리다. 하나님이 고집쟁이가 아니라 우리가 고집쟁이이다. 그래서 바뀌지를 않는다. 그래서 계속 기도하면서 바뀌어야 한다.

"구하라 그리하면 받으리니 너희 기쁨이 충만하리라"(요 16:24)고 말씀하신 것은 무엇인가? 우리가 구하면 주시고 구하지 않으면 안 주시겠다는 것일까? 똑같은 조건인데 왜 구해야만 주시는 것일까? 중요한 이유는 기도함으로 우리가 변화되기 때문이다. 받을 수 있는 사람이 되는 것이다. 기도(구하기) 전에는 받을 준비가 안 되어 있다가 기도함으로 받을 수 있는 사람으로 준비된다.

> 그러므로 그들을 본받지 말라 구하기 전에 너희에게 있어야 할 것을 하나님 너희 아버지께서 아시느니라(마 6:8).

그렇다. 하나님은 우리에게 필요한 것을 미리 알고 계신다. 그런데 기도해야 하는 이유가 무엇인가? 우리가 모르기 때문이다. 우리는 우리에게 진정 필요한 것이 무엇인지를 모른다. 하늘을 변화시키기 위한 기도가 이방인의 기도라면 우리의 기도는 나를 변화시키는 기도이다. 무엇을 기도해야 할지를 알도록 변화되어 좋은 것을 구할 줄 알게 되고 좋은 것을 구하는 그 사람에게 하나님은 풍성하게 주신다.

기도하는 사람은 바뀐다. 하나님을 만남으로 그 사람이 바뀐다. 하나님을 만나서 대화할수록 하나님의 놀라운 지혜 앞에서 바뀌고 사랑 앞에서 바뀐다. 그래서 하나님의 사람으로 바뀐다. 주변에 기도하는 사람을 보라. 그의 인격이 닮고 싶은 사람인가? 그렇다면 참된 기도하는 사람이 맞다. 그러나 닮고 싶은 인격을 가지고 있지 않은가? 그렇다면 그 사람은 기도하는 사람이 아니다. 그런 사람은 하나님의 영광을 가리는 사람이다. 그런 사람에게 속지 말라. 신령한 무엇인가가 나올 것 같은 그 모습에 속지 말라. 결코 신령하지 않다.

내가 바뀌기를 소원하며 기도하라. 거룩하신 하나님과 만나서 나의 죄악된 것이 바뀌어야 한다. 좋은 것을 분별하지 못해 악하고 헛된 것을 구하는 내가 바뀌어 선하고 복된 것을 구해야 한다. 기도함으로.

기도할 때 자신의 지혜를 주장하지 말고 하나님의 지혜를 구하라.

05
예수님이 가르쳐 주신 대로 기도하라(주기도문)

오늘날의 문제는 어떤 면에 있어서 기도의 문제라고 생각한다. 기도하지 않는 것도 문제이지만 잘못 기도하는 것은 더욱 큰 문제이다. 기독교 욕을 먹이는 사람은 기독교의 밖에 있는 사람이 아니라 기독교 안에 있는 가짜 기독교인들이기 때문이다. 교회에 조금 다닌 미성숙한 사람이 아니라 오래 다닌 소위 성숙한 신앙인이라는 사람들이 문제이다.

그들은 기도를 많이 한다. 그런데 불신앙인이거나 매우 미성숙하다. 왜 그럴까? 그것은 그들이 기도를 하지만 참다운 기도를 하지 않기 때문이다. 기도를 아무리 많이 해도 참다운 기도가 아니라면 그것은 소용이 없다. 아니 오히려 악을 더 강화하기도 한다. 그렇게 방향성이 잘못된 의미 없는 기도를 예수님은 중언부언기도라고 말씀하셨다. 중언부언기도라는 것은 의미 없이 반복하여 하는 말이다. 아버지라는 말을 하면서도 그 안에 아버지를 향한 마음이 없는 것을 의미한다.

예수님이 우리에게 "이렇게 기도하라"고 가르쳐 주셨다. 그런데 우리의 기도를 살펴보자. 예수님이 가르쳐 주신 기도대로 하고 있는가? 예수님이 하지 말라고 하신 대로 기도하고 있지는 않은가? 우리의 기도를 정직하게 살펴보면 많은 사람들의 기도가 예수님이 하지 말라고 가르치신 기도를 하고 있다. 그것이 문제다. 우리는 예수님이 가르치신 기도로 돌아가야 한다. 이 책은 바로 그것을 목적으로 한다. 예수님이 가르쳐 주신 기도로 돌아가야 우리의 삶도 예수님이 말씀하신 대로 살 수 있다. 오늘날 삶이 문제다. 그런데 그것의 근본적인 이유는 기도에 있다 해도 과언이 아니다. 기도라는 것은 그 사람의 방향타 역할을 하는데 기도가 잘못되어 있으니 그 사람의 삶이 잘못될 수밖에 없다.

말씀을 읽을 때도 가이드라인이 중요하듯이 기도에 있어서도 가이드라인이 필요하다. 대부분 기도에 대한 책들은 자신의 경험에 근거를 둔다. 그러나 경험보다 중요한 것은 성경이다. 성경에서 말하는 기도를 알아야 한다. 성경에서 우리에게 기도에 대해 가르치기 위해 주어진 기도문은 오직 하나다. 주기도문이다.

주기도문기도를 알면 기도하게 된다. 보통의 기도는 자기가 원하는 것이 있을 때 하는 기도이다. 그러나 그렇게 되면 우리가 필요한 것이 없다면 기도하지 않아도 된다. 그러나 주기도문을 살펴보면 우리는 언제 어디서든 항상 기도해야 하는 존재인 것을 알게 될 것이다. 우리는 기도해야 한다. 기도하지 않는다는 것은 홀로 선다는 것을 의미한다. 기도한다는 것은 철저히 하나님을 의지한다는 것을 의미한다. 우리는 무엇인가 필요할 때만 기도하는 사람이 아니라 우리의 모든 삶에서 기도해야 한다. 기도하지 않으면 죽는다. 기도는 호흡이라 하는데 기도하지 않고 어찌 살 수가 있겠는가? 호흡하지 않고 살 수 있겠는가?

신앙 역사를 돌아보면 많은 기도문이 있었다. 그런 훌륭한 여러 기도문이 많이 사라진 이유는 그것이 주문이 되기 쉽기 때문이다. 그런데 주기도문조차도 주문이 되어 버린 경향이 많다. 그 증거로 주기도문을 외우고 그것을 사용하지만 그것이 의미하는 것조차도 생각하지 않고 사용한다. 주기도문이 진정한 기도가 되기 위해서는 주기도문으로 끝나지 않고 주기도문 기도가 되어야 한다. 주기도문을 반복하여 기도한다고 의미있는 것이 아니라 주기도문이 의미하는 것을 알고 그에 맞추어 기도하는 것이 의미가 있다.

정화수 떠 놓고 하는 기도와 우리의 기도가 기도하는 대상의 이름만 바뀌면 되는가? 그 내용도 바뀌어야 하지 않겠는가? 정화수 떠 놓고 기도하는 것은 자신의 소원을 말하는 기도이다. 그러나 우리의 기도는 하나님의 뜻을 구하는 기도이다. 우리의 소원을 말하는 기도도 하나님의 뜻 안에서 구하는 것이어야 하지 우리가 일방적으로 구하는 것이 되면 안 된다.

주기도문은 기도의 전부가 아니지만 기도의 기본이다. 이 기본을 알아야 이후의 수많은 기도가 기본이 있는 기도가 된다. 바른 기도가 된다. 그래서 주기도문을 아는 것은 기도하는 사람으로서 매우 중요하다. 신앙인으로서 매우 중요하다.

믿음은 내가 죽고 그리스도께서 사시는 것이다. 기도를 통해서도 내가 죽고 그리스도께서 사시도록 해야 한다. 기도로 날마다 깨지고 있는가? 이제 주기도문을 조금 더 알아보자.

"기도와 거룩한 생활은 하나이다. 이 둘은 서로에게 작용한다.
둘 중 어느 것도 독자적으로 존재하지 않는다.
하나가 없으면 다른 하나도 없다.
수도사들은 기도를 미신으로 전락시켰다."

– 이 엠 바운즈

part 2

주기도문 해설

예수님이 가르쳐 주신
기도
The Lord's Prayer

I. 기도 입구(하나님 부르기)

기도 입구 – "하늘에 계신 우리 아버지여"

    대화의 시작은 만나는 것이다. 우리가 하나님과의 만남을 가지려면 하나님이 계신 곳으로 들어가야 한다. 그 들어감을 방문을 여는 것으로 비유할 수 있다. 방문도 열지 않고 방에 들어갈 수는 없다. 그런데 우리의 기도에서 그런 기도를 많이 본다. 방에 들어가지도 않고 들어갔다고 착각한다. 기도는 하나님의 이름을 부름으로 시작한다. 진실하게 하나님의 이름을 부름으로 방안에 들어가 대화해야 한다.

구절설명

"**하늘에 계신 우리 아버지여**"는 기도가 하나님을 부름으로, 하나님 앞에 엎드림으로 시작한다는 것을 가르친다.

"**아버지**"는 우리의 기도 대상이 누구인지를 말해준다. 우리는 삼위일체 하나님 중 성부 하나님을 아버지라 부른다. "전능하사 천지를 창조하신 하나님 아버지를 내가 믿사오며"라는 사도신경의 고백처럼 "아버지"는 성부 하나님에 대한 호칭이다. 그래서 기본적으로 기도는 성부 하나님께 드리는 것이다. 그러나 삼위일체 하나님의 삼위는 나뉘는 것이 아니기 때문에 '하나님'이나 '주'라는 통칭(삼위 하나님을 함께 부름)의 개념으로 부르는 것이 나쁘지는 않다.

하나님의 호칭은 그분의 속성을 나타내기도 하는데 '아버지'라는 호칭은 그분이 우리를 창조하신 분이라는 것을 나타낸다. '아버지'가 내포하는 의미에 대해서 오늘날 대부분의 사람들이 가지는 아버지에 대한 따뜻한 사랑이라는 이미지보다는 그 당시의 아버지가 가지는 의미를 더 생각해 볼 필요가 있다. 가부장제였던 그 당시의 아버지는 "한 가정의 시작이요 가장으로서 최종적 법이요 통치자"라는 이미지이다. 그리고 거기에 덧붙여 오늘날의 아버지가 가지는 따뜻함의 이미지를 가지고 있다.

> 전능하신 주 하나님은 우리의 아버지가 되고 우리는 그
> 의 자녀가 되리라(고후 6:18).

"**아버지여**" 접미사 '-여'를 붙인 형태이다. '여'는 "정중하게 부르는 뜻을 나타내는 격조사"다.

"**우리**"는 넓게 보면 세상의 모든 사람을 말한다 할 수 있으나 주기도문에서 우리는 '믿는 사람'으로 보는 것이 무방하다. 여기에서 '나'가 아니라 '우리'라는 사실에 조금 더 주의를 기울여야 한다. 주기도문에는 '우리'가 여섯 번 나온다. 그만큼 기도는 '나'라는 세계에 갇혀 하는 것이 아니라 마음을 열고 하는 것이다.

기도의 대상인 하나님이 만물을 다스리는 분이기에 우리는 그분 앞에서 모든 믿는 사람들이 한 형제자매임을 생각하며 기도해야 한다. 그래서 기도는 나의 무엇만을 위해 하는 것이 아니라 우리를 위해 해야 한다. '우리'라는 것은 기도할 때 우리의 눈이 어디에 있어야 하는지를 가르쳐 준다. 기도하면서 우리는 '우리'라는 시야를 가져야 한다. 기도는 결국 하나님의 시야를

갖는 것이기 때문이다. 그러니 '우리'라는 것은 우리의 시야를 넓게 해 주고, 더 나아가 하나님의 시야까지 가늠해 보게 하는 것이다.

"**하늘**"은 하나님이 계신 곳을 말해준다. '하늘'이란 우리가 눈으로 보며 사용하는 그 하늘이라는 공간적 개념이 아니다. 그분은 영이시기 때문이다. 하늘은 시공간을 포함하면서도 초월한다. 하나님은 아니 계신 곳이 없기 때문이다. 그러면서 또한 좁은 의미로는 세상을 통치하시는 영광의 자리를 의미한다. 하늘은 영광의 자리이며 거룩한 자리이다.

"**계신**"의 뜻은 "하나님은 존재하시는 분"이라는 뜻이다. 살아계신 분이라는 뜻이다. 하나님은 영원 전부터 영원까지 존재하시는 분이다. 그분은 인격적인 분으로서 우리의 말을 들으시고 우리에게 말씀하시는 분이다.

이렇게 기도하라

하나님 이름을 부르는 것은 하나님의 존전에 들어가는 것이다. 하나님 이름을 부를 때 새로운 세상이 열린다. 이것은 기도의 출입구로서 가장 중요하다. 많은 기도가 있다. 그런데 그 기도들이 진정한 기도일까? 기도는 "하나님과 대화"라고 정의

할 때 다시 생각해 보자. 나의 기도는 하나님과의 대화였는가? 다른 사람들의 기도를 보라. 하나님과의 대화인가? 기도가 하나님과의 대화가 되기 위해 가장 중요한 것은 먼저 하나님 앞에 서는 것이다. 하나님을 부름으로 하나님 앞에 우리는 엎드린다. 하나님을 부를 때 참으로 중요한 것은 인격적이신 하나님 앞에 내가 인격적인 존재로 엎드려야 한다는 것이다. 기도는 인격과 인격이 만나는 것이다. 어떠한 인격과 인격인가? 창조주 하나님과 피조물의 인격이다.

기도할 때 하나님 앞에 선다는 것은 쉽지 않다. 기도하면서 하나님 앞에 서지 않고 그냥 홀로 말하는 사람이 얼마나 많은지 모른다. 하나님 앞에 선 자의 모습이 아니다. 기도는 하나님 앞에 선 자의 모습을 가져야 한다. 하나님 앞에 서는 것이 그리 쉬운 것은 아니다. 하나님의 이름을 불렀다고 하나님 앞에 선 것이 아니다. 하나님은 언제든지 우리에게 오실 수 있는데 우리가 하나님께 가지를 않는다. 하나님의 이름을 하나님께 합당하게 불러야 한다. 그 영광을 알고 우리의 죄인 됨을 알며 진실하게 하나님의 이름을 부를 때 우리는 하나님 앞에 서게 된다. 이것이 기도의 문을 여는 가장 중요한 단계이다. 이것이 되면 기도가 되고, 이것이 되지 않으면 기도가 아니다.

하나님 앞에 설 때 가장 중요한 마음은 경외의 마음이다. 창조주 앞에 피조물로 서는 경외의 마음을 가져야 한다.『루빈의 선물』이라는 책에서 저자가 말하는 한 이야기를 들어보자.

한 회당에 새로 온 랍비가 사람들이 '하나님'이라는 단어를 쓸 준비가 되어 있지 않다 생각하여 '하나님'이라는 이름 대신에 '랄랄라'로 발음하도록 시켰다.
"들으라 이스라엘아, 랄랄라는 우리의 랄랄라이며 랄랄라는 하나이시다."
그때 한 소녀가 그 뜻이 무엇이냐고 물었다. 이에 랍비는 유체이탈을 통해 몸에서 떨어진 소녀의 영혼이 먼 곳에서 자신의 몸을 그리고 더 먼 곳에서 도시를 그리고 더 먼 곳에서 지구를 보게 한다. 소녀는 다시 눈을 떴다.
"뭘 배웠니?" 랍비의 물음에 소녀는 잠시 생각해 보았다.
"제가 얼마나 작은지, 우주가 얼마나 큰지를 배웠어요."
"그리고 또 뭘 배웠니?"
"이런 우주의 창조주가 얼마나 위대하신 분인지 알게 되었어요."
"그리고 또?"

"그렇게 위대한 창조주이시지만, 그분은 제가 이렇게 작아도 저를 아끼신다는 걸 배웠어요."

"좋다."

랍비가 말했다.

"이제 너는 하나님의 이름을 부를 준비가 됐구나."

하나님의 이름을 부를 준비가 되었는가? 많은 사람이 준비 없이 하나님 이름을 부른다. 하나님을 향한 경외감 없이 하나님 앞에 서는 것은 불가능하며, 혹 서게 된다면 그것은 매우 경거망동한 행동이다. 사람들은 하나님 앞에 서지 않고 혼자 중얼거리는 독백으로서 기도를 하든지 아니면 경거망동한 기도를 하고 있는 경우가 많다.

그러면 어떻게 기도해야 할까? 준비하는 시간이 필요하다. 예배를 드리고 난 이후에는 조금 더 하나님 앞에 서기가 쉬울 수 있으나 다른 경우는 쉽지 않다. 그래서 개인 찬양을 하거나 성경 말씀을 읽거나 잠잠히 앉아 준비하는 시간을 갖는 것이 좋다. 어떤 목사님은 기도하기 전에 꼭 성경을 본다고 한다. 그것은 매우 좋은 방법 중에 하나이다. 말씀을 볼 때 우리에게 말씀하시는 하나님의 인격을 느낄 수 있다. 기도는 독백의 성향이 강할 수 있는데 먼저 성경을 보면 조금 더 하나님의 인격을 느낄 수 있다. 만약 말씀을 듣지 않았고, 읽을 형편도 안 된다면 하나님을 찬양하거나 침묵하며 하나님을 바라보는 시간을 갖는 것이 좋다. 그러한 준비과정이 우리가 하나님 앞에 서게 하는 것을 도울 수 있다.

기도를 시작하면 말씀을 보고 들은 내용에서 나타난 하나님의 속성을 찬양하며 하나님 앞에 서게 된다. 새벽예배 때 예배 후 기도하는 것이라면 들은 말씀으로 기도하라. 들은 말씀을 인용하며 고백하는 것도 좋고, 말씀에 나타난 하나님의 은혜를 찬양하며 나가는 것도 좋다. 하나님이 얼마나 좋은 분인지 입으로 고백하며, 하나님께서 나의 삶에 어떤 일을 행하셨는지를 생각하며 찬양하는 고백을 하는 것이 좋다.

하늘에 계신 하나님 아버지를 부를 때 우리는 그분의 통치 속으로 들어간다. 하늘은 가장 거룩하여 시공간을 초월하면서도, 또한 시공간적으로 우리가 기도하는 모든 곳에서 연결되는 곳이다. 우리가 죄인 된 사람이고, 이 땅이 죄가 가득하기에 우리는 하늘의 하나님을 불러야 한다. 그 때 죄의 장벽을 깨고 거룩한 하나님의 통치 속으로 들어가 하나님의 통치 속에 거하게 된다. 여기에서 우리는 하나님을 부르며 기도가 시작한다는 것을 배울 수 있다. 그래서 우리도 하나님을 부르며 기도한다. 하나님을 부를 때 "하늘에 계신 우리 아버지"라고 불러야만 한다는 것을 의미하지는 않는다. 이 부분에서 우리는 하나님의 여러 속성에 따라 부를 수 있다. '참 좋으신 하나님', '영광의 하나님', '세밀하신 하나님' 등 그분의 속성에 따라 불러도 좋고, 아니면 말씀을 읽으면서 그곳에서 드러난 하나님의 속성 또는 그분이 말씀하신 것에 따라 '~라고 말씀하신 하나님'으로 시작하여도 좋다.

하나님을 만나지 않고 기도하는 잘못을 범하지 말아야 한다. 내가 기도(대화)하는 대상이 누구신지 온전히 바라보고 그분 앞에서 가져야 하는 경외의 마음을 가져라. '하나님'하고 부를 때 세상은 간 곳 없고 오직 하나님과 그 앞에 엎드린 우리가 있어야 한다. 하나님을 온전히 바라보며 부르는 그 부름은 온 우주에 쩌렁쩌렁 울린다. 하늘이 열리고 환한 빛이 비춘다.

II. 기도제목(내용)

01
하나님 이름이 거룩히(영광)

첫 번째 기도제목 – "이름이 거룩히 여김을 받으시오며"

우리가 기도할 때 가장 먼저 해야 하는 가장 중요한 기도제목은 "하나님의 이름이 거룩히 여김을 받는 것"이어야 한다. 오직 하나님께만 영광이 되도록 기도해야 한다. 나의 영광이 아니라 하나님의 영광이, 우리가 간절히 기도해야 하는 첫 번째 기도제목이다.

구절설명

'**이름**'은 하나님을 의미한다. 성경에서 하나님의 '이름'은 하나님 존재 자체를 의미할 때가 많다.

> 주여 주의 지으신 모든 열방이 와서 주의 앞에 경배하며
> 주의 이름에 영화를 돌리리이다(시 86:9).

하나님 이름을 경외하여 이스라엘 백성들은 하나님 이름을 부르지 않았기 때문에 고유명사인 '여호와'는 정확한 모음이 무엇인지 아직도 모른다. 유대인을 주 대상으로 하였던 마태복음은 '하나님'이라는 용어 대신에 '하늘'이라는 단어를 사용한다. 그래서 '하나님 나라' 대신에 '천국'(하늘나라)이 나온다.

하나님의 이름은 구약에서 기본적으로 두 개가 사용된다. '엘로힘'과 '여호와'다. 엘로힘은 우리가 오늘날 '하나님'이라 번역하는 단어로서 '전능자'라는 일반명사다. 여호와는 조금 더 개인적이며 고유명사다. 우리는 여호와만이 하나님이심을 믿는다. 성경을 믿지 않는 다른 종교에서 자신의 신이 하나님(엘로힘)이라고 말할 수는 있다. 그러나 자신의 신이 여호와라고는 주장하지 않는다. 그러나 여호와만이 하나님이시기에 성경에

서는 하나님이라는 단어조차도 고유명사처럼 사용한다.

"**거룩히 여김**"은 하나님의 이름이 그 이름에 합당하게 불리는 것이며, 그 이름이 거룩히 불리도록 그분께 영광이 되는 삶을 사는 것이다.

이렇게 기도하라

주기도문에서는 우리가 기도해야 할 7가지 중요한 내용(주제)을 가르쳐 준다. 그 첫 번째는 "하나님의 이름이 거룩히 여김을 받도록" 기도하는 것이다. 사람들은 하나님의 이름이 거룩히 여김을 받는 것에 관심을 갖는 대신 자신의 이름이 높이 들려지는 것에 관심을 더 갖는다. 그래서 하나님의 이름이 아니라 자신의 이름을 위해 기도하기 시작한다. 그러한 자세는 기독교의 기도가 아니라 세상의 기도 방식이다. 하나님 앞에 서서 어떻게 자신의 이름이 높아지는 것을 생각할 수 있을까? 자신의 이름을 높이는 것을 생각하는 것은 아직 하나님 앞에 서 있지 않았다는 뜻이다. 하나님 앞에 서면 가장 먼저 무엇을 하게 되는가?

찬양하게 된다. 기도하며 우리가 찬양할 때 하나님의 이름은 우리의 기도 속에서 거룩히 여김을 받는 것이다. 맘껏 찬양하라. 하나님의 이름이 최소한 우리의 기도 속에서 거룩히 여김을 받도록.

기도의 이 단계에서 나는 가장 먼저 예배를 생각한다. 이름이 거룩히 여겨지는 가장 중요한 장소는 예배일 것이다. 그런데 가장 그 이름이 훼손되는 곳 또한 예배인 것 같다. 그 이름을 부르는 곳에서는 최소한 그 이름에 합당하게 불려야 하는데 그렇지 못한 경우가 많다. 그래서 나는 이 부분을 기도할 때는 교회의 예배의 회복을 위해서 기도할 때가 많다.

우리의 예배를 통해 하나님의 이름이 거룩히 불리고 있는가? 아니면 그 이름에 합당하지 못하게 건성으로 불리고 있는가? 이것이 매우 마음아프다. 그분의 이름이 가장 거룩히 불려야 하는 예배에서조차 거룩히 불리지 않는다면 대체 어디에서 거룩히 불릴 수 있을까? 그분의 이름이 거룩히 불리는 것이 예배에서 회복되고 더 나아가 모든 영역으로 확장되어야 할 것이다. 내가 드리는 예배, 공동체가 드리는 예배가 회복되도록 기도하라.

이름은 그분의 존재를 가리킨다. 그분을 일컬어 부르는 모든 이름이 거룩하다. 하나님을 생각하며 그라 부르면 그라는 이름도 거룩히 불러야 한다. 오늘날 하나님의 이름이 불명예스럽게 되고 있다.

첫째, 불리지 않음으로 불명예스럽게 되고 있다. 하나님은 창조주임에도 불구하고 더 이상 불리워지지 않고 사람들의 관심 밖에 있다. 이것이 얼마나 하나님의 이름에 불명예스러운지를 알아야 한다. 그 이름이 거룩히 불리도록 그분을 생각하자. 사람은 하루에 육만 가지를 생각한다고 한다. 그 중에 하나님은 몇 번 생각할까? 하나님이 우리의 관심 속에 있을 때 거룩히 불리는 것이다.

둘째, 그 이름이 불리는 곳에서 수난을 당하고 있다. 하나님께 합당한 영광이 없는 이름 사용과 자신을 위해 하나님을 이용하는 아주 악한 경우도 너무 많다.

하나님의 이름이 거룩히 여김 받기를 기도한다는 것은 우리가 그분의 이름을 거룩히 부르며 그분의 이름을 거룩히 드러내며 살도록 해달라는 하나님을 향한 간구다. 사람들은 언제 아파할까? 자신의 이름이 거룩히 여겨지지 않을 때 아파한다. 나의 명예가 땅에 떨어지고, 자존심이 상하고, 육체가 힘들고, 내가 욕을 들을 때 아파하고 있지 않은가? 반면에 하나님의 이름이 거룩히 여김을 받지 않는 곳에서는 어떤가? 나의 삶속에서 하나님의 이름이 훼손될 때 진정 아파해야 하지 않을까? 우리가 실제적으로 아파해야 하는 곳은 나의 이름이 짓밟히는 곳이 아니라 하나님의 이름이 훼손될 때이다.

어떤 사람들은 하나님의 이름을 노골적으로 모욕한다. 그들은 그들 안에 있는 아픔을 하나님을 욕함으로 풀려고 한다. 그들은 하나님의 이름을 모욕하는 것을 두려워하지 않고 거리낌 없이 하고 있다. 우리는 우리 주위에서 그런 사람을 본다. 바로 그들 위에 하나님의 이름이 거룩히 여김을 받도록 기도해야 한다. 하나님의 이름이 그들에게 거룩하게 전해지도록 내가 할 수 있는 일이 무엇인지를 찾으며 기도해야 한다.

십계명에서 "여호와의 이름을 망령되이 일컫지 말라"는 말씀을 듣는다. 그리고 지금 주기도문에서 이보다 더 적극적으로 "여호와의 이름이 거룩히 여김을 받도록" 간구하라는 명령을 듣고 있다.

하나님의 이름이 거룩히 여김을 받는다는 것은 곧 "하나님께 영광이 되는 삶"이라는 의미이다. 그렇게 살도록 기도해야 한다는 것이다. 하나님께 영광이 되고 있는가? 대(소)요리 문답

1문항에는 "인간의 제일 되는 목적이 무엇인가?"라는 질문을 한다. 그리고 그에 대한 답으로 "하나님을 영화롭게 하며 그를 영원토록 즐거워하는 것이다"라고 말한다. 그렇게 하나님께 영광을 돌리는 삶은 모든 그리스도인들의 일관된 대답이다.

그런데 언제부터인가 '하나님께 영광'이라는 구호가 슬그머니 사라지고 있다. 이것이 제일 중요하기에 기도할 때도 가장 먼저 기도해야 하는데 이것을 놓치고 있다. 이것을 다시 회복해야 한다. "나의 삶이 하나님께 영광이 되고 있는가?" 이것은 기도할 때마다 가장 먼저 생각해야 하는 것이고, 간구해야 하는 제목이다. 기도하면서 생각하라. 지나온 시간이 그리고 지금 하고 있는 일이 하나님께 영광이 되고 있는가?

하나님께 영광이라는 것이 무엇인가? 이것에 대한 오해가 많다. 하나님께 영광이라는 말의 의미를 먼저 잘 알아야 한다. 하나님을 영광스럽게 한다는 것은 하나님의 영광에 무엇을 덧붙인다는 의미가 아니라 우리의 삶 가운데 하나님의 이름이 더욱 아름답게 드러나도록 한다는 것이다. 하나님이 비추시는 영광을 비추어서(반사) 하나님의 이름이 사람들에게 거룩하게 보이는 것이다. 그때 사람들은 하나님의 이름을 거룩히 여기며, 그래서 하나님의 이름이 거룩히 여김을 받는 것이다.

많은 이들이 하나님의 영광을 세상의 영광과 같은 개념으로 생각한다. 세상의 영광이라는 것은 뛰어나야 한다. 1등을 해야 한다. 그러나 하나님의 영광이 어찌 세상의 1등으로 드러날 수 있겠는가? 1등이 되어야 영광스러울 수 있는 영광은 인간의 영광이지 하나님의 영광이 아니다.

하나님의 영광은 하나님이 반사되는 모든 것을 말한다. 하나님이 내 안에 계셔서 하시는 모든 것이다. 사람은 하나님의 형상을 따라 창조되었기 때문에 하나님을 반사하면서 살 수 있다. 그렇게 하나님을 반사하는 모든 삶이 하나님께 영광이 되는 삶이다. 예수 그리스도께서 사셨던 30년 동안 그분은 어린아이로 살기도 하고, 목수로 살기도 하였지만 충분히 하나님께 영광이 되는 삶이었다. 모든 삶이 영광이었다.

> 너희는 세상의 빛이라 산 위에 있는 동네가 숨겨지지 못할 것이요 사람이 등불을 켜서 말 아래에 두지 아니하고 등경 위에 두나니 이러므로 집 안 모든 사람에게 비치느니라 이같이 너희 빛이 사람 앞에 비치게 하여 그들로 너희 착한 행실을 보고 하늘에 계신 너희 아버지께 영광을 돌리게 하라(마 5:14-16).

우리는 항상 하나님께 영광이 되는 삶을 살아야 한다. 하나님의 이름이 영광스럽게 되도록 기도해야 한다.

하나님께 영광을 돌리는 삶은 힘이 있다. 그 영광이 하나님으로부터 오는 것이기 때문이다. 그러나 하나님께 영광을 돌리지 못하는 삶은 힘이 없다. 그것의 원천이 자신이기 때문이다. 진정 누구를 위하여 살고 있는가? 나를 위하여 살고 있지 않은가? 하나님을 위하여 살아야 할 것이다. 나의 영광을 위하여 살고 있지 않은가? 하나님의 영광을 위하여 살아야 할 것이다. 그러나 현실은 암울하다. 우리의 죄성은 너무 강력하다. 그러기에 기도해야 한다. 가슴을 치며 기도해야 나를 위하여 살면서 선악과로 배불린 뱃살을 뺄 수 있다.

02
하나님 나라

두 번째 기도제목 – "나라이 임하옵시며"

하나님 나라를 생각하며 하나님 나라를 위해 살고 있는가? 많은 사람들이 자기 나라 안에 살고 있다. 예수님이 전하신 복음은 하나님 나라이다. 하나님 나라는 나에게도 가장 복된 것이다. 나의 나라에 갇혀 있는 우리가 하나님 나라를 볼 수 있도록 기도해야 한다. 기도함으로 하나님 나라를 볼 수 있어야 한다. 하나님 나라에서 살아야 한다.

구절설명

'**나라**'는 하나님 나라를 말하는 것으로 '하나님 나라'는 '하나님의 통치'를 의미한다.

이렇게 기도하라

하나님 나라가 임하기를 기도하는 것은 하나님 나라에 더 관심을 가지고, 그 나라를 수용하며 감사하고, 그 나라를 발견하고 이루어 갈 수 있도록 기도하는 것이다.

예수님이 공생애를 시작하며 이 땅에 전하신 첫마디는 '하나님 나라'였다.

회개하라 천국이 가까웠느니라(마 4:17).

예수님은 임한 천국을 선포하면서 공생애를 시작하셨다. 천국은 '하나님 나라'와 정확히 동일 개념이다. '하나님 나라'는 '하나님의 통치'를 말한다. 그렇다면 예수님 전에는 하나님 나라가 없었단 말인가? 아니다. 하나님의 통치가 없었던 적은 없으며, 하나님의 백성이 없었던 적도 없다.

그러나 아담과 하와 이후 그들은 모두 죄를 범했다. 곧 그들은 아직 공식적으로 하나님의 백성이 아니다. 그들은 자신들의 죄 때문에 죽을 수밖에 없는 죄인이다. 그들은 오직 오실 메시야의 속죄함으로만 죄사함 받을 수 있다. 그러기에 그들은 예표론적으로 그들의 죄사함을 받았을 뿐이다. 쉽게 말해 가불하여 사용하였을 뿐이다. 아직 실체는 없었다.

실체이신 예수님이 오심으로 천국에 하나님의 백성이 공식적으로 들어올 수 있는 것이다. 그러기에 천국이 이제 시작되었다고 말할 수도 있다. 예수님의 오심은 아담과 하와 이후 모든 백성이 고대하던 것이며 그분이 이제 천국을 선포하고 계신 것이다. 예수님은 자신의 사역을 통해 계속 천국을 보여 주셨고 가르치셨다. 평생 예수님이 이루고자 애쓰신 것은 바로 천국이다.

　우리는 하나님 나라를 이루기 위해 살고 있는가? 복음이 무엇인가? '복된 소식'이다. 우리를 기쁘게 하는 많은 소식이 있을 것이다. 그러나 그러한 것을 복음이라고 말하지 않는다. 그것은 일시적인 것이기 때문이다. 오직 한 가지만 복음이라는 단어를 붙인다. 구원이다. 그것은 영원한 것이기 때문이다. 구원을 얻는다는 것이 무엇인가? 하나님 나라에 속한 자가 된다는 것이다. 하나님 나라가 시작되었고, 우리 가까이에 있어 우리는 이제 하나님 나라에 들어갈 수 있다.
　하나님 나라는 그때나 지금이나 복음이다. '하나님 나라'가 복음이라는 것을 기억하자. 하나님 나라를 들으면 그것을 복음으로 느끼도록 하자. 오늘날 많은 사람들에게 하나님 나라가 복음이 되지 못하는 것을 본다. 그것은 불행이다. 하나님 나라는 복음이어야 한다. 하나님 나라에 산다는 것은 인간이 누릴 수 있는 가장 큰 복이다. 그러기에 하나님 나라를 구하는 것은 우리 기도의 기본이 되어야 한다.

무엇을 구하고 있는가?

> 그러므로 염려하여 이르기를 무엇을 먹을까 무엇을 마실까 무엇을 입을까 하지 말라 이는 다 이방인들이 구하는 것이라 너희 하늘 아버지께서 이 모든 것이 너희에게 있어야 할 줄을 아시느니라 그런즉 너희는 먼저 그의 나라와 그의 의를 구하라 그리하면 이 모든 것을 너희에게 더하시리라 (마 6:31-32).

세상 사람들은 자신들의 나라를 생각한다. 그래서 의식주가 그들의 주관심이다. 그러나 우리는 하나님 나라를 생각한다. 그래서 하나님 나라를 구한다. 하나님 나라가 의식주보다 '먼저'이다. 그것이 나를 살리는 것임을 알기 때문이다. 내 나라는 나를 멸망의 길로 안내하지만 하나님 나라는 나를 구원의 길로 안내할 것이다. 하나님 나라에 대한 관심 회복을 위해 기도해야 한다. 하나님 나라는 우리의 가장 큰 관심의 대상이 되어야 한다.

우리가 실제로 무엇을 기도하고 있는지를 살펴보라. 내 마음대로 무엇인가를 할 수 있기 위한 의식주가 아니었는가? 그래서 주기도문이 매우 유익하다. 이제는 주기도문을 기억하여 실제 기도 속에서 하나님 나라를 구하는 기도가 되도록 해야 한다.

하나님 나라를 구함에 있어 먼저 중요한 것은 겸손히 하나님 나라 앞에 순종하는 것이다. 하나님 나라의 왕은 하나님이다. 우리는 그 백성이요 종이다. 그런데 우리는 어느새 하나님과 대등한 위치에 서곤 한다. 하나님의 통치보다는 내 생각이 더 중요하다고 여기고 있다. 그래서 내 뜻대로 되지 않으면 하나님께 대든다. 받아들이지를 않는다. 그러나 하나님 나라에 사는 사람은 무엇보다 하나님께 순종하는 것을 알아야 한다. 나의 위치에서 생각할 것이 아니라 하나님의 관점을 갖는 것이 중요하다.

하나님이 다스리신다. 하나님만이 아신다. 하나님은 우리를 사랑하신다. 그러니 우리는 세상에서 일어나는 일에 대해 순종해야 한다. 그래서 항상 기뻐하고 범사에 감사해야 하는 것이다. 항상 기뻐하고 범사에 감사해야 한다는 것을 알면서도 실제 사건에서는 그렇지 못하다. 그래서 기도가 아니고는 할 수가 없다. 내가 원하는 대로 이루어지지 않은 현실, 나를 아프게 하는 현실에 대해 그것을 받아들이는 것은 참으로 힘들다. 그래서 기도해야 한다.

> 참새 두 마리가 한 앗사리온에 팔리지 않느냐 그러나 너희 아버지께서 허락하지 아니하시면 그 하나도 땅에 떨어지지 아니하리라 (마 10:29).

여기에서의 하나님의 허락을 주권적인 하나님의 뜻이라 말한다. 세상의 일은 우연히 일어나는 것이 아니라 모든 것 안에 다스리는 하나님의 주권적인 뜻이 들어가 있다는 것이다. 교통사고로 사랑하는 사람이 이 땅에서의 생명을 다하였을 때 그것을 받아들이는 것이 매우 어려우나 기도하면서 그것을 수용하여야 한다. 사랑하는 사람의 죽음으로 인해 슬퍼하는 것은 당연하다. 그러나 그것을 받아들여야 한다. 하나님도 슬퍼하신다. 그러나 만물을 다스리는 하나님이 허락하셨다. 그 죽음은 무가치하여 우연히 재수 없어서 일어난 것이 아니라 하나님의 통치 안에서 일어난 것이기에 우리는 묵묵히 받아들여야(수용) 한다.

Part 2 주기도문 해설

그러나 어찌 그것이 쉽게 수용되겠는가? 그래서 기도해야 한다. 우리의 삶에는 그렇게 기도해야만 우리의 마음을 억누르고 하나님의 다스리심을 수용할 수 있는 것이 많다. 그렇게 수용할 때 우리가 헛된 곳(무의미한 것, 내가 할 수 없는 일)에 마음을 빼앗기지 않고 내가 해야 하는 것에 마음을 쏟을 수 있다. 수용의 부분은 분명하다. 이미 일어난 일이기에. 그러나 우리의 마음이 죄스러워 받아들이지 못하는 경우가 많다. 그래서 계속 기도해야 한다.

기억하라. 세상에 일어나는 만 가지 일 중에 우리가 한 가지라도 제대로 아는 것이 있을까? 왜 그리 하나님 앞에서 잘난 체 하는지 모르겠다. 이제는 "나라이 임하옵시며"라고 고백하면서 조용히 수용하는 기도를 해야 할 것이다. 이 부분에서 우리가 무엇을 기도해야 하는지 이제 확실해졌다. 하나님 나라를 수용할 수 있도록 기도해야 한다.

수용하기에 또한 이 부분에서 기도해야 하는 것이 있다. 바로 감사다. 모든 기도 제목에서 항상 감사가 따르지만 이 부분에서는 조금 더 많은 부분이 이에 해당한다. 내 마음에 들지 않은 것도 감사하고, 내 마음에 드는 것도 감사해야 한다. 내 주변에서 일어나는 일들에 하나님 나라의 관점을 회복하고 그 일들을 위해 수고하고 역사하시는 하나님께 깊이 감사해야 한다. 사람들은 손에 없는 것을 구하느라 이미 가진 것에 대해 감사하는 것을 놓치곤 한다. 보통 사람들은 무엇을 더 가져야 할지에 관심을 집중하고 있다. 그러나 우리는 우리가 가지고 있는 그것의 주권이양에 관심을 가져야 한다.

하나님 나라를 생각하지 않는 것에서 불평, 불만, 걱정이 생긴다. 하나님 나라를 생각하고 사모한다면 감사와 만족과 기쁨이 넘칠 것이다. 자기 뜻대로 되지 않으니 불평불만을 한다. 하나님 나라를 알지 못하기 때문에 불평불만이 생기는 것이다. 하나님 나라를 알면 감사할 수밖에 없게 된다. 기뻐할 수밖에 없게 된다.

우리가 가야 하는 하나님 나라 확장의 길이 있다. 우리가 하나님 나라의 백성이 되었다는 것도 행복한 것이지만 그 나라가 자신의 안과 밖에서 확장되는 것 또한 매우 행복한 일이다.

나의 고등학생 시절 꿈은 "선교하다 빨리 죽는 것"이었다. 이미 하나님의 백성이 되었으니 이제 천국 가는 것만 남았다고 생각했기 때문이다. 그러나 대학에서 신학을 하면서 믿음이 단

면적이지 않고 입체적이라는 것을 알았다. 천국은 완성된 천국만이 있는 것이 아니라 이미 내 안에 천국이 시작되었으며 이제 그 천국을 이루어 가야 한다는 것을 알게 되었다. 이 땅에서 내 안에 하나님 나라(천국)를 확장하고 주변에 하나님 나라를 확장하는 것이 얼마나 귀한지를 알게 되었다. 그래서 그 이후로는 하나님 나라가 확장되는 행복으로 살고 있다.

이것을 신학적으로는 "이미 그러나 아직"으로 표현한다. 천국이 이미 임하였으나 아직 완성된 것은 아니고 진행되고 있다. 그리고 후에 완성되는 날이 있다. 그래서 천국은 '하나님의 통치'를 의미하는데 이미 우리 안에 통치가 시작되어 천국이 시작되었고(칭의), 그 통치가 확장되어 가면서 천국은 진행되고(성화), 천국이 완성되는 날(영화)이 있을 것이다. 명심해야 할 것이 있다. 오늘 천국(하나님 나라) 안에 살고 있지 않다면 내일의 천국도 없다. 하나님 나라에 대한 깊은 관심을 가져야 한다. 오늘 천국을 살아야 한다.

"나라이 임하옵시며"를 기도하며 마지막으로 생각할 것은 완성된 천국이다. 보통 과거에 천국이라는 단어는 완성된 천국을 말하는 것이었다. 그 천국이 천국답기 때문이다. 우리는 완성된 천국을 사모하고 있는가? 어느새 그 나라를 사모하지 않는 사람들이 많아졌다. 세상이 살만하기 때문일까? 천국을 말하는 것이 유치하다고 생각하기 때문일까? 그래서 종말론적인 삶을 살지 못하고 세상에 매인 삶을 살고 있는 것을 많이 본다. 천국이 임하기를 기도하는 것은 완성된 천국이 임하기를 기도하는 측면도 있다. 그래서 "마라나타(주여 어서 오시옵소서)"라고 고백하며 그날을 사모하는 마음의 고백도 하게 된다.

이미 임한 나라에 감사하고, 이루어 가야 할 나라를 잘 이루어 갈 수 있도록, 임할 나라를 사모하며 기도해야 한다.

예수님이 가르쳐 주신
기도
The Lord's Prayer

03
하나님의 뜻

세 번째 기도제목 – "뜻이 하늘에서 이룬 것 같이 땅에서도 이루어지이다"

하나님 나라 백성은 하나님의 기뻐하시는 뜻을 따라 살아야 한다. 하나님의 뜻은 하나님 통치의 법이다. 그 법에 순종하고, 그 법을 찾으며 사는 것이 하나님 백성의 길이다. 하나님이 기뻐하시는 뜻을 이루면서 사는 삶은 참으로 행복하다.

구절설명

"**뜻**"은 하나님이 기뻐하시는 뜻이다. 하나님의 뜻이 땅에서 이루어지지 않는 것이 있을까? 이것을 알기 위해서는 하나님의 뜻에 대한 이해가 필요하다. 하나님의 뜻을 세 가지로 세분할 수 있다. 주권적인 뜻, 윤리적인 뜻, 개인적인 뜻이다. 주권적인 뜻은 이 땅에서 결국 일어난 모든 일을 말하는 것이며, 윤리적인 뜻은 하나님이 그렇게 하라고 말씀하신 것으로 성경말씀이며, 개인적인 뜻은 윤리적인 뜻 안에서 한 개인을 향한 하나님의 세부적인 뜻이다.

아담과 하와가 선악과를 따먹은 것을 생각해 보면 그들이 선악과를 따먹은 것은 결국 주권적인 뜻이라 할 수 있다. 그러나 하나님의 윤리적인 뜻은 따먹지 않는 것이었다. 따먹지 말라고 말씀하셨지 않은가? 여기에서 우리는 이렇게 질문할 수 있다. 하나님은 아담과 하와가 선악과를 따먹기를 원하셨을까? 이렇게 질문할 때는 사실 하나님이 기뻐하시는 뜻이 무엇인지를 묻는 것이다. 그러기에 우리는 하나님이 말씀하신 대로 따먹지 않기를 원하셨다고 말할 수 있다.

하나님이 슬퍼하시는 일이 이렇게 이 땅에서 일어난다. 그것이 바로 죄악이다. 결혼을 생각해 보자. 만약 어떤 사람이 기독교인이 아닌 사람과 결혼하였다면 그것이 하나님의 뜻인가? 주권적인 뜻을 묻는다면 이미 일어난 일이니 주권적인 뜻이다. 그러나 보통 하나님의 뜻이라 할 때는 기뻐하시는 뜻을 말해야 한다. 성경에서는 비기독교인과 결혼하는 것을 금한다. 그러니 윤리적인 하나님의 뜻이 아니다.

그러면 기독교인 중에서는 누구와 결혼해야 하는 것일까? 윤리적인 뜻 안에서는 모든 것이 가한 것인가? 아니다. 윤리적인 뜻은 큰 가이드 역할을 한다. 그 안에서 우리가 선택해야 하는 것은 참으로 많다. 어떤 면에서는 윤리적인 뜻을 따르는 것은 쉽다. 그런데 개인적인 뜻을 따르는 것은 어렵다. 깨어 있지 않으면 구분하기 어렵기 때문이다. 윤리적인 뜻을 따름에 있어서는 구분은 가는데 따를 힘이 없을 때 순종할 수 있는 힘을 위해 기도하는 것이고, 개인적인 뜻은 구분을 못하기 때문에 구분하고 순종할 수 있도록 기도해야 한다. 윤리적인 뜻과 개인적인 뜻을 합하여 하나님이 기뻐하시는 뜻이라 할 수 있다.

우리는 하나님의 기뻐하시는 뜻이 우리 안에 일어나도록 해야 한다. 하늘에서는 오직 하나님이 기뻐하시는 일만 일어난다. 그러니 하늘에서 이루어진 것 같이 땅에서도 이루어지기를 기도한다. 하나님이 인격적인 사랑을 원하시기 때문에 아파하시면서도 어쩔 수 없이 허락한 그러한 아픈 일들이 아니라 하나님이 기뻐하시는 일이 일어나기를 원하는 것이다.

"하늘에서 이룬 것 같이" 는 "하나님의 기뻐하시는 통치가 온전히 이루어진 것처럼"이다. 하늘에서 이루어지지 않는 하나님의 뜻은 아무 것도 없다. 하늘(하나님의 기뻐하시는 통치가 온전히 이루어지는 곳)에서는 하나님의 기뻐하시는 통치가 온전히 이루어진다. 그러나 땅에서는 어떠한가? 땅은 죄로 인해 하나님의 마음을 아프게 한다. 땅은 하나님이 기뻐하시는 통치가 온전히 이루어지지 않는다. 그것을 하나님의 백성이 회복시킬 수 있도록 기도하는 것이다.

"땅에서도 이루어지이다"는 이 세상에서 하나님의 기뻐하시는 뜻이 이루어지기를 바라는 기도이다. 먼저는 자기 자신과 주변이고 또한 이 세상 전부이기도 하다. 죄의 영향을 받고 있는 이 땅에 하나님의 기뻐하시는 뜻이 이루어지도록 우리는 기도해야 한다.

이렇게 기도하라

우리는 땅에 속해 있기 때문에 죄의 영향권에서 살기 쉽다. 그래서 하나님의 기뻐하시는 뜻을 계속 들어야 하고, 묵상해야 한다. 기도해야 한다. 대화가 부족한 사람들을 보았는가? 대화가 부족하면 상대방의 뜻을 알 수 없다. 그것처럼 하나님과 대화(기도)가 부족하면 하나님의 뜻을 알 수 없을 것이다.

그런데 어떤 사람은 기도한다 하면서도 여전히 하나님의 뜻을 듣지 못한다. 기도한다 하였으나 인격적인 하나님의 실체와 대화하는 기독교인의 기도가 아니라 자신의 소원만 말하는 샤머니즘적인 기도를 하였기 때문이다. 우리는 계속 기도하여서 하나님의 기뻐하시는 뜻을 알아야 한다.

하나님의 뜻이 하늘에서 이루어지듯이 이 땅에서 그렇게 우리가 산다는 것은 이 땅에서 우리가 천상의 가장 중요한 부분의 삶을 사는 것이다. 이것은 우리가 후에 완성된 천국에서의 삶을 이 땅에서 연습하는 것이다. 이 천상의 삶을 산 사람만이 후에 완성된 천국에서도 그렇게 살게 될 것이다.

이 땅에서 하나님의 뜻을 이루는 것은 어떤 면에서는 천국에서 이루는 것보다 더 소중하다고 할 수 있다. 천국에서는 모든 사람이 당연히 하나님의 뜻을 이루며 살지만 이 땅에서는 힘겹게 믿음으로만 그렇게 살 수 있기 때문이다. 천국에서는 모든 사람이 하나님의 뜻을 자연스럽게 행하며 살지만 이 땅에서는 오직 기도하며 믿음으로 그렇게 살려고 노력하는 사람만이 가능하다. 그러기에 복된 것이다. 이 땅에서 힘든 가운데 믿음으로 하나님의 뜻을 행할 수 있는 것은 어쩌면 기회이다. 다시 오지 않는 기회다. 하나님을 향한 자신의 사랑을 입증하는 기회다. 얼마나 귀한 일인가.

하나님의 뜻이 천국에서 온전히 이루어지는 것처럼 이 땅에도 이루어지기를 우리는 간구해야 한다. 하나님이 기뻐하시는 뜻이 우리에게도 가장 행복하고 복된 길이다. 이 땅의 많은 사람들이 이 땅에서 하나님의 뜻이 이루어지는 것에 대해 관심이 별로 없다. 기도하는 이유는 자신의 뜻을 이루기 위해서이다.

그러나 자신의 뜻은 멸망의 길이고 하나님의 뜻이 생명의 길이다. 그러기에 우리는 항상 하나님의 뜻에 관심을 가져야 한다. 지금 하고 있는 일이 하나님의 뜻 안에서 이루어지고 있는 것인지 기도하며 해야 한다. 지금 하고 있는 일이 마치 하늘에서 하나님의 뜻이 이루어지듯 하나님이 크게 기뻐하시는 그런 일이 되도록 살아야 한다.

우리는 보통 기도할 때 도와달라고 기도한다. 때로는 그것도 필요하다. 그런데 나는 "다스려 달라"고 기도하는 것이 더 일반적인 기도가 되어야 한다고 생각한다. 내가 정한 것을 하나님이 도와주시는 것이 아니라 하나님이 정하신 길을 내가 갈 수 있도록 해야 하기 때문이다. 그래서 주체와 객체가 바뀌어야 한다. 내가 가는 길을 하나님이 주체가 되셔서 가실 수 있도록 하나님의 다스림을 기도해야 한다.

우리가 하나님의 뜻을 행할 때 기준은 "하늘에서 이루어진 것 같이"이다. 대충 해서는 안 된다. 하늘에서 하나님의 뜻이 온전히 이루어진 것처럼 우리의 삶에서도 온전히 이루어지기를 소원해야 한다. 하나님의 기뻐하시는 뜻을 찾을 때는 그것에 목숨을 내 놓는 자세를 가져야 한다. 하나님의 기뻐하시는 뜻을 찾아 놓고도 망설인다면 그것은 오히려 하나님을 무시하는 것으로 찾지 않은 것만 못하기 때문이다. 그래서 때로는 하나님이 기뻐하시는 뜻을 다 보이지 않으실 때가 많다. 그것을 행할 준비가 되어 있지 않기 때문에.

3번째 기도제목은 누가복음(11:2-4)의 주기도문에는 나와 있지 않다. 아마 예수님이 가르치신 것 중에 누가가 생략하고 기록하였을 것이다. 하나님 나라를 위한 기도와 하나님의 뜻을 위한 기도는 어느 정도 겹치는 부분이 있기 때문이다. 하나님 나라에서의 통치는 하나님의 뜻을 따라 행할 때만이 가능하기 때문이다. 그러나 세분하면 하나님 나라를 위한 기도와 하나님이 기뻐하시는 뜻을 위한 기도는 분명히 많이 다르다.

하나님의 뜻에는 윤리적인 뜻만이 아니라 개인적인 뜻도 있다고 하였다. 그래서 어렵다. 물론 하나님은 우리에게 자유의지도 주셨다. 그래서 모든 것을 기계처럼 가야만 하는 길이 있는 것은 아니다. 이것을 해도 되고, 저것을 해도 하나님의 뜻인 것이 있다. 그러나 때로는 명확히 구분되는 것도 있다. 하나님과 모세의 다음 대화를 들어보자.

> 구하옵나니 나를 건너가게 하사 요단 저쪽에 있는 아름다운 땅, 아름다운 산과 레바논을 보게 하옵소서 (신 3:25).

그러자 하나님이 말씀하신다.

> 그만해도 족하니 이 일로 다시 내게 말하지 말라(신 3:26).

이 당시는 특별계시가 끝나지 않은 시기이기에 우리는 이 특별한 대화를 볼 수 있다. 그러나 오늘날은 이것을 통해 유추할 수만 있다. 오늘날 누군가가 이렇게 기도할 때 하나님이 이런 말을 하고 싶은 사람이 많지 않겠는가? 오늘날은 특별계시가 아니라 일반계시로서 우리에게 말씀하신다. 일반계시는 모호함이라는 특성이 있다.

오늘날 우리가 기도할 때 하나님은 우리에게 때로는 귀에 들리는 육성으로 때로는 생각으로 말씀하실 수 있다. 육성이라 하여 더 정확한 것은 아니다. 그 모든 것은 특별계시(말씀)의 조명을 받아야 한다. 우리는 기도하면서 조금 더 생각을 사용할 필요가 있다. 하나님이 나에게 주시는 생각이다. 때로는 강렬하게 때로는 희미하게 생각이 든다.

우리는 기도하다가 최소한 어떤 생각이 성경의 지지를 받으면 그것은 윤리적인 뜻(특별계시)으로 발전된다. 그렇다면 그것은 무조건 순종해야 하는 것이다. 그런데 생각으로 주어진 경우는 어떻게 해야 하는 것인가? 일단 생각으로 주어지는 경우가 많다는 것을 말하고 싶다. 기도하면서 하나님 앞에 정직하게 섰을 때 그 문제에 대해 하나님이 주시는 생각을 갖게 된다.

그것이 때로는 나의 욕심에서 나온 생각인 경우도 있다. 그러기에 정직하게 서는 연습을 해야 한다. 그러면서 조금 더 시간을 두고 기도하는 것이 좋다. 그런데 분명한 사실은 하나님이 그렇게 우리의 생각을 사용하셔서 그분의 뜻을 전하신다는 것이다. 육성만을 기다리다가는 우리를 향한 하나님의 개인적인 뜻을 다 놓치고 말 것이다.

> 너희는 이 세대를 본받지 말고 오직 마음을 새롭게 함으로 변화를 받아 하나님의 선하시고 기뻐하시고 온전하신 뜻이 무엇인지 분별하도록 하라(롬 12:2).

우리는 기도하면서 하나님이 주신 말씀, 이성, 생각을 통해 분별해야 한다.

내가 원하는 것은 하나님의 뜻일까, 아닐까?

> 너희 안에서 행하시는 이는 하나님이시니 자기의 기쁘신 뜻을 위하여 너희에게 소원을 두고 행하게 하시나니 (빌 2:13).

하나님의 사람에게 소원을 갖게 하시는 분은 하나님이시다. 그런데 하나님이 주시는 소원만 있는 것이 아니니 문제다.

> 육체와 마음의 원하는 것을 하여 다른 이들과 같이 본질상 진노의 자녀이었더니(엡 2:3).

우리의 마음은 욕심으로 이끌릴 때가 더 많다. 그러니 우리는 내가 가진 소원이 하나님이 주신 하나님의 뜻인지 아니면 내 안의 욕심인지를 분별해야 한다.

하나님의 사람은 "나는 하나님이 기뻐하시는 것만을 행할 것이다"는 전제를 가지고 살아야 한다. 지금 왜 그 일을 하고 있는가? "하나님의 뜻에 따라 살고 있다"고 대답할 수 있어야 한다. 그것이 하나님이 기뻐하시는 것인지 아닌지는 혹 확실하게 몰라도 그것이 하나님이 기뻐하시는 것이라고 여기기에 그 일을 하고 있어야 한다. 보통의 사람들은 그 반대이다. 자신의 뜻대로 모든 것을 행하다가 하나님의 뜻이라 여기는 것을 한두 가지 한다. 그것은 크게 잘못된 것이다. 우리는 모든 것이 하나님이 기뻐하시는 뜻이 되도록 살아야 한다.

하나님이 기뻐하시는 뜻이 우리를 통해 이루어지도록 기도해야 한다. 그것은 어떤 보석을 얻는 것보다 귀한 일이다. 하나님의 뜻이 실현되는 삶을 살 때 그 사람은 보석으로 가득한 삶을 사는 것이다.

예수님이 가르쳐 주신
기도
The Lord's Prayer

04
일용할 양식

네 번째 기도제목- "오늘날 우리에게 일용할 양식을 주옵시고"

기도하지 않아도 사람들은 하루를 잘 살아낸다. 그러나 그것이 잘 사는 것일까? 일용할 양식은 없어서 기도하는 것만은 아니다. 일용할 양식을 구함으로 우리는 우리의 하루 속에 함께 하며, 역사하시는 하나님을 알게 된다. 일용할 양식을 구함으로 하나님의 손길을 통하여 좋은 길로 인도된다. 나의 삶 전 영역의 일용할 양식을 구함으로 그날의 모든 것이 하나님의 인도하심 속으로 들어간다.

구절설명

"**일용**"이란 하루에 사용할 것이다.

"**양식**"이란 먹을 것이다. '양식'은 일종의 환유법(사물을 빌려 그것의 속성과 밀접한 관계가 있는 다른 말을 빌려 사용)으로 양식만을 의미하는 것이 아니라 "필요한 모든 것"이라 할 수 있다.

이렇게 기도하라

주기도문의 구조를 설명할 때 흔히 앞의 세 가지는 하나님을 위한 기도이고, 후반부 네 가지는 자신을 위한 기도라고 말한다. 그러나 그것은 아주 잘못된 설명이다. 그 의도는 충분히 동감할 수 있으나 그렇게 구분할 경우 잘못하면 세상에 대한 이분법을 만들어 버린다. 하나님의 영광과 나라와 뜻을 구하는 것은 하나님만을 위한 것이 아니다. 그것은 철저히 나를 위한 것이기도 하고 나의 모든 생활에 해당한다.

일용할 양식이라는 것도 그러하다. 일용할 양식이 하나님의 영광과 나라와 뜻을 벗어난 일용할 양식이라면 그것은 결코 구해서는 안 된다. 일용할 양식은 하나님의 영광과 나라와 뜻과 조화되어야 한다. 하나님께 영광이 되지 않을 일용할 양식이 나에게 어떤 의미가 있겠는가? 진정 그러하다면 그것은 나에게 해로운 것이다. 그런데 그것이 어찌 나를 위한 기도가 될 수 있겠는가? 주기도문에 나오는 일곱 가지 기도제목은 모든 것이 하나님의 영광을 위한 것이고, 또한 나를 위한 것이다.

주님은 우리에게 일용할 양식을 구하라고 말씀하셨다. 이 말씀은 한편에서는 우리를 안심하게 한다. '주님이 우리의 일용할 양식에 관심을 가지고 계시는구나'라는 생각이 들어 안심이 된다. 그러나 또 한편으로는 알아서 주시지 왜 일용할 양식을 구하라고 하시는지 의아한 생각이 들 수도 있다.

사람들은 안정을 원한다. 그래서 미래의 것까지 오늘 다 얻으려고 한다. 그런데 그 안정은 하나님 없는 안정이다. 오늘 구하고 나면 내일은 구하지 않아도 되는 그런 것이다. 하나님이 우리에게 필요한 모든 것을 한꺼번에 주지 않으시는 이유는 무엇일까? 능력이 없으시기 때문일까? 아니다. 매일 기도하라고 그러시는 것이다. 일용할 양식을 위해 기도하라는 것은 매일 기도하라는 것이다. 한 달 단위가 아니라 매일이다. 우리는 연약하기에 매일 기도해야만 한다.

'일용'할 것을 구하라는 말씀에서 오늘 우리가 무엇을 기도해야 할지를 알아보자. 오늘날 우리나라에서 그날 먹을 것을 위해 기도하는 사람은 거의 없을 것이다. 오늘날은 먹을 것이 없는 시대가 아니기 때문이다. 그렇다면 이 기도는 무의미한 것인가? 결코 그렇지 않다. 일용할 양식은 환유법에 해당한다. 그래서 이것은 오늘날 먹을 것 또는 경제적으로 필요한 것만을 의미하는 것이 아니라 우리에게 필요한 모든 것을 의미한다.

일용할 양식을 구함에 있어서도 역시 나의 일용할 양식만이 아니라 이웃의 일용할 양식도 구해야 한다. 우리는 기도를 시작하며 "하늘에 계신 우리 아버지여"라고 말하지 않았는가? 우리라고 해 놓고 나의 기도만 하면 안 된다. 계속 우리의 필요한 일용할 양식이 무엇인지를 생각해야 한다. 앞서 나온 기도제목, 그리고 이후에 나오는 모든 기도제목도 마찬가지이다.

먼저 '일용'에 대해 생각해 보자. 그날 필요한 것을 구하라는 주님의 가르침이다. 그렇다면 우리의 간구는 미래의 일에 대해서는 간구할 수 없는 것일까? 예를 들면 미래에 결혼할 배우자를 위해 기도하는 것이나, 대학에 진학하는 것과 같은 것에 대해서 기도하는 것은 어떨까? 여기에서 일용이라는 단어는 오늘과 상관있는 것으로 해석할 수 있다.

만약 미래의 그것이 오늘과 아무 연관이 없는 것이라면 우리는 기도하지 말아야 할 것이다. 내일 일은 내일 걱정해야 한다. 그러나 그것을 위해 오늘 무엇인가를 할 수 있다면 우리는 그것을 위해 기도해야 한다. 그것이 일용할 양식이 된다. 10년 후에 의사가 되고자 한다. 그러면 10년 후 의사가 되게 해달라고 기도만 할 것이 아니라 그것을 위해 오늘 필요한 것이 무엇인지 생각하며 그것을 위해 기도해야 한다. 오늘 해야 할 일을 하지 않으면 그 꿈은 헛된 꿈이지만 오늘 해야 할 일을 하면 그 꿈은 참된 꿈이 될 것이다. 이미 던져진 주사위에 대해서는 기도할 필요가 없다. 그러나 오늘 영향을 미치는 무엇인가를 한다면 우리는 기도해야 한다. 며칠 후의 결과보다 오늘 해야 하는 그 부분에 대해 기도해야 한다.

그런데 사람들의 기도를 보면 일용할 부분이 아니라 며칠 후의 결과만 기도하는 경향이 강하다. 사람들의 기도가 구체적이지 못하고 추상적이다. 오늘의 기도가 아니고 미래의 일에 대한 기도이기 때문이다. 과정에 대해 기도하지 않고 결과에 대해서만 기도한다. 그래서 더욱 추상적이고 뭉뚱그린 기도가 된다. 그것은 일용할 양식을 구하는 기도와 거리가 있다. 그러니 우리의 기도가 일용할 양식을 구하는 기도가 되도록 하기 위해서는 결과보다는 과정에 집중을 하고, 추상적이기보다는 구체적인 기도를 하도록 해야 한다. 미래를 위해 오늘 해야 할 그것을 기도해야 한다.

일용할 양식의 경제적인 것을 생각해 보자. 사람들은 일용할 양식이 아니라 창고에 들일 양식을 필요로 하는 경우가 대부분이다. 하루 먹을 양식은 적은 분량이다. 그렇다면 우리는 적은 분량만을 위해 기도해야 하는 것일까? 미래를 위해 오늘

Part 2 주기도문 해설

무엇인가를 적립하기를 기도하는 것은 나쁜 것일까? 결코 그렇지 않다. 일용할 양식이라는 것은 정말 필요한 것이라는 의미도 갖는다. 일용할 양식이 그 사람에게 진짜 필요한 것처럼 우리에게는 미래를 위해 오늘 진짜 필요한 것도 있을 것이다. 오늘 준비해야 미래를 잘 이겨나갈 수 있는 것이 있다. 그러면 그것도 분명히 일용할 양식에 해당한다고 할 수 있다.

경제적인 것을 넘어 하루에 필요한 것은 아주 많다. 나는 이 부분에서 하루의 일과를 위해 기도하라고 말하고 싶다. 만약 아침에 기도를 한다면 그날 하루의 일과를 위해서 기도하라. 저녁에 기도한다면 다음날 하루를 위해 기도하라. 구체적으로 하루하루를 하나님께 보고하며 그때 자신이 무엇을 하려 하는지를 보고해야 한다. 때로는 그렇게 기도하다가 그것이 하나님이 기뻐하시는 뜻이 아니라는 것을 깨닫기도 할 것이다. 그러면 기도 중에 감사하며 그 계획을 취소해야 할 것이다. 기도할 때 떠오르는 지혜도 있다. 그러면 빨리 메모를 하는 것도 필요하다. 기도하다 눈을 뜨면 어떡하냐고? 떠도 된다. 잊어버리는 것보다 낫다. 어떤 사람은 기도할 때 꼭 메모지를 두고 기도하는 것을 보았다. 요즘은 핸드폰이 있으니 핸드폰에 기록하며 기도하는 것도 좋다. 나는 사람들이 쓰면서 기도하는 것을 권하고 싶다. 책을 읽다가도 떠오르는 생각이 있으면 쓰라. 하나님이 주시는 거룩한 생각이다. 그리고 "하나님이 주시는 거룩한 생각이라면 잊어버리지 않을 것이다"라고 반론하는 사람도 있을 것인데 그 사람은 기도해 보지 않은 사람이다. 아무리 거룩해도 잊어버리는 것이 사람이다. 하나님이 주신 설교라고 기록하지 않고 머릿속에서만 작성하여 설교하려 한다면 어리석은 설교자다. 하나님이 주신 은혜라고 잊어버리지 않을 것이라고 생각하는 사람은 은혜를 한 번도 안 받아 보았으니 그렇게 말할 것이다.

우리가 이 땅을 살아가면서, 이 땅에 존재하기 위해 우리에게 필요한 많은 것들이 있다. 우리가 풀어가야 할 많은 문제들이 있다. 그러기에 여기에서 양식은 문제라고 표현할 수도 있다. 또는 난관일 수도 있고, 성취해야 하는 일일 수도 있다. 세탁기가 필요한가? 그러면 그것이 일용할 양식이 될 수 있다. 시험에 합격해야 하는가? 그것이 일용할 양식이다. 그러기에 구해야 한다.

나에게 필요한 것이 무엇인지를 알고 있을까? 나에게 필요한 것을 하나님 앞에서 정직하게 생각해 보고 그것을 구해야 한다. 만약 확신이 서지 않으면 "나의 뜻대로 하지 마시고 하나님의 뜻대로 하기"를 구해야 한다. 사람들이 구하는 일용할 양식 중에 일용할 양식이 아니라 창고에 쌓을 것들이 얼마나 많은가? 단지 탐욕으로 구하는 것이다.

똑같이 무엇인가를 구할 때도 탐욕의 마음으로 구할 수 있고, 진정 하나님의 거룩하신 뜻을 이루고자 하는 것일 수 있다. 그것은 매우 작은 차이로 보인다. 그러나 아주 큰 차이가 있다. 일용할 양식을 구함에 있어 먼저 정직함이 필요하다. 자신이 원하는 것을 체면 때문에 구하지 않으면 안 된다. 만약 자신은 원하는데 하나님의 뜻이 아니라는 생각이 들면 그것을 원하는 생각이 들지 않도록 기도해야 한다.

목회하면서 느끼는 것은 사람들이 일용할 양식을 구하지 않고 창고에 쌓을 것을 구한다는 것이다. 자신의 양식을 구하지 않고 단지 자신의 욕심을 채우기 위해 구한다. 자신의 창고에 쌓은 만큼 다른 사람의 배가 비워져 그들이 굶어 죽을 수 있는데도 불구하고 오직 자기 자신을 위해 구한다. 우리의 구함이 일용할 양식이 아님으로 인해 구하는 것이 죄가 되는 것을 본다. 그러면 기도한다는 것이 무슨 소용이 있겠는가?

하루의 일과를 고백하며 지혜를 구하라. 진정 필요한 것을 구하라. 탐욕이 아니라 일용할 양식을 구하는 마음을 구하라. 자신이 원하는 미래의 모습이 아니라 오늘 내가 무엇을 해야 하는지를 구하라. 일곱 가지 모든 기도 제목에 들어가야 할 공통내용은 감사이다. 일용할 양식을 구함에 있어도 감사하는 것을 잊지 말라.

일용할 양식은 말 그대로 그날 먹을 것으로 당시에는 가장 중요한 것이었다. 그러나 오늘날에는 그날 먹을 것을 염려하는 사람은 거의 없다. 그러니 얼마나 감사한 일인가. 우리는 최소한 먹고 마시는 일에 있어서는 황송한 시대를 살고 있다. 우리 모두는 이 땅에 오셨던 지고한 왕 예수님보다 최소한 먹고 마시는 일에 있어서는 잘 먹고 잘 살고 있지 않은가. 그분이 먹고 마신 것들, 그분이 배고파 하신 일, 그분이 그 먼 길을 한 걸음씩 걸으신 일들을 생각하면 오늘 내가 편히 사는 모든 것이 너무 황송하다. 그런데 아직도 우리는 경제적인 문제로 얼마나 하나님께 불평 불만 하는가? 참으로 황당하다.

일단 감사하라. 그것이 맞다. 깊이 감사하라. 어느 날은 일용할 양식 하나만을 가지고 깊이 기도하라. 하나님의 은혜가 너무 커 압도당할 것이다. 나는 내 손에 성경이 있다는 것이 너무 감사하다. 중세 시대만 하더라도 성경 한 권을 값으로 따진다면 25억 정도 나갔다. 그러니 어떤 개인이 성경을 소지할 수 있었겠는가? 그런데 오늘날 내 서재에만도 각 언어와 번역본으로 된 성경이 100권은 족히 넘게 있다. 얼마나 감사한지. 다른 것이 없다고 하기 전에 있는 것을 조금 더 활용하고 감사해야 할 텐데 그것을 놓칠 때가 종종 있다.

일용할 양식을 구함에 있어 네 종류의 사람이 있다.

첫째, 일용할 양식이 아니라 필요 없는 것까지 욕심으로 구하는 사람이다. 이 사람은 구했는데도 얻지 못했다고 불평한다. 하나님의 생각과 자신의 구함이 달라 하나님의 은혜 가운데 거하지 못한다.

둘째, 일용할 양식을 구하여 하나님이 주시는 것을 경험하며 사는 사람이다. 크게 무엇인가를 이루는 것 같지는 않으나 하나님의 은혜 가운데 거한다.

셋째, 구하지 않아도 받는 사람이다. 이 사람은 무엇인가를 이루었다 하여도 하나님의 손길을 모르기 때문에 그리 복이 아니다.

넷째, 구하지 않음으로 얻지 못하는 사람이다. 이 사람은 항상 그냥 그렇게 살다가 마칠 것이다.

일용할 양식을 구하라. 구하는 자가 복되다.

구하는 것은 관계가 있다는 것이다. 구하지 않는 것은 관계가 없다는 것이다. 얻든 얻지 못하든 구함으로 관계를 맺어야 한다. 올바르게 구함으로 깊은 관계를 맺어야 한다. 구하는 것 자체가 하나님과 관련이 있는 것으로서 복된 것이다.

우리가 육체의 양식을 매일 세 번씩 먹듯이 기도도 매일 해야만 한다. 한 달치 또는 일 년치 기도를 한꺼번에 다 하고 쉬어서는 안 된다.

일용할 양식을 구함에 있어 채권자처럼 기도하지 마라. 채권자는 받으면 당연하고 받지 못하면 화를 낸다. 우리는 자격이 없는데 은혜로 받는 것이다. 그러니 받으면 감사하고 받지 못하면 받아들이라.

나는 일용할 양식을 구할 때는 조금 더 자유롭게 기도한다. 오늘 해야 할 일을 생각한다. 지금 내 주변에서 일어나는 일을 생각한다. 기도하다 멈춘다. 떠오르는 생각들에 대해 자유롭게 묵상하며 기도한다. 그러한 일들에서의 지혜를 구한다.

일용할 양식에서 가장 중요한 요점은 '구함'이다. 구하면 그

결과에 상관없이 이미 절반 이상은 다 한 것이다. 어쩌면 백 퍼센트 다 한 것일 수도 있다. 결과는 하나님이 하시는 일이고 우리의 할 일은 구하는 것이기 때문이다. 구하는 것이 매우 중요하다. 구한다는 것은 곧 하나님을 의지한다는 것이기 때문이다. 모든 것에 하나님을 의지하여 하나님께 구해야 한다.

우리는 하나님의 백성이요 또한 연약하기에 모든 것을 하나님을 의지하며 구해야 한다. 큰 일이든 작은 일이든 마찬가지로 구해야 한다. 하루의 일과를 하나님 앞에 기도하며 하나님께 구해야 한다. 다 정해진 일정이라도 하나님께 구하라. 하루의 일과를 구하라. 그 속에서 하나님의 뜻이라 여겨지는 것을 구하라. 그렇게 구하는 것은 구하는 것만으로 이미 많은 부분을 이룬 것이다. 구함으로 반 이상은 이룬 것이다. 우리가 책임져야 하는 것은 때로는 결과가 아니라 구하는 것이다. 그래서 구하면 반 이상은 이룬 것이다. 아니 때로는 전부 이룬 것이다. 그러니 일용할 양식을 잊지 말고 구하라.

예수님이 가르쳐 주신
기도
The Lord's Prayer

05
죄사함

다섯 번째 기도제목 – "우리가 우리에게 죄 지은 자를 사하여 준 것 같이 우리 죄를 사하여 주옵시고"

　죄사함은 중요하고도 시급한 기도제목이다. 그리스도의 보혈의 은총을 입는 길이다. 자신의 죄가 사함받기 위한 기도가 없다면 그리스도의 보혈을 낭비하는 죄다. 죄사함을 간구하지 않는다는 것은 그 사람이 하나님 앞에 제대로 서지 못하였다는 것을 의미하기도 한다. 사람 앞에 서면 나의 의가 보이나 하나님 앞에 서면 나의 죄가 보인다. 죄사함의 기도는 깊은 자기 성찰과 함께 기도해야 한다.

구절설명

　"우리 죄를 사하여 주옵시고" 우리의 죄사함을 위해 간구하는 기도이다.

　"우리가 우리에게 죄 지은 자를 사하여 준 것 같이" 자신의 죄사함을 간구하는 전제 조건으로 주어진 것으로 "내가 타인을 용서하는 것"을 말한다.

이렇게 기도하라

자신과 이웃의 죄사함을 위해 기도하고 있는가? 이 땅은 수많은 죄로 가득하다. 그 죄는 우리를 파괴하고 있다. 그 속에서 하나님의 사람은 죄를 이겨야 하는데 그 이기는 방법이 바로 죄사함을 간구하는 것이다. 존 라일(J. C. Ryle) 목사는 말한다.

> 죄는 사람과 하나님 사이에 놓인 커다란 산이라고 말할 수 있습니다. 어떻게 사람이 그 산을 넘어서겠습니까? 죄는 사람과 하나님 사이에 가로놓인 높은 담입니다. 어떻게 사람이 그 담을 통과하겠습니까? 죄는 사람과 하나님 사이에 있는 깊은 심연입니다. 어떻게 사람이 그 심연을 건너겠습니까?
> 구원의 문은 좁다고 말합니다. 어찌하여 좁다고 말할까요? 그 문은 죄를 사랑하는 모든 사람들, 죄와 결별하려고 하지 않는 사람들에게는 비좁은 문입니다.

그렇다. 죄를 두고는 하나님과 가까이 할 수 없다. 죄를 두고 구원의 길을 갈 수는 없다.

다른 간구의 기도는 많이 하면서 죄사함의 기도는 하지 않는 경향이 많다. 그것은 죄사함을 모르기 때문에 그러하다. 우리가 얻는 것을 플러스로 계산하고 죄로 인하여 잃는 것을 마이너스로 계산하는 것으로 가정할 때, 우리가 무엇인가를 아무리 얻어도 죄로 인한 마이너스가 더 크다면 그 인생은 남는 것이 없는 인생이 되고 말 것이다. 하나의 죄가 때로는 그 사람의 선한 전부를 불사르기도 한다. 그러니 우리는 얻기 위해 노력하는 것도 중요하지만 잃지 않도록 죄사함을 위해 기도하는 것도 매우 중요하다.

우리가 죄사함을 위해 기도할 때 먼저 죄를 깨닫도록 기도하는 것이 필요하다. 악한 우리는 죄를 깨닫지 못하는 것이 가장 문제다. 의인과 악인이 있으면 누가 더 죄인이라고 말할까? 의인이다. 신앙이 깊은 사람과 얕은 사람이 있다면 누가 더 죄인이라고 말하며 슬퍼할까? 신앙이 깊은 사람이다. 죄는 하나님 앞에 설 때만 깨닫기 때문이다. 하나님 앞에 설 때마다 거룩하신 하나님 앞에 자신의 모습이 비추어져서 자신이 얼마나 더 죄인인가를 깨닫게 된다. 그래서 믿음이 좋은 사람일수록 더 자신이 죄인이라고 말하게 된다.

죄를 깨닫도록 기도하라. 우리가 얼마나 많이 죄를 깨닫지 못하고 사는지 모른다. 다른 사람의 죄가 보이는가? 그렇게 나의 죄도 있을 것이다. 그러니 깊이 기도해야 한다. 최소한 다른 사람이 나를 보는 것보다 내가 나의 죄를 더 잘 볼 수 있어야 하지 않겠는가. 남이 보는 것보다 더 못 보면 어리석은 사람이 되는 것이다. 남들은 다 보는데 자기만 보지 못하는 죄가 있으니 얼마나 어리석겠는가. 다른 사람이 나를 볼 때보다 내가 나의 죄를 더 잘 보아야 한다. 그래야 현명한 사람이 될 수 있다. 자기가 봄으로 인해 미연에 조금 더 방지할 수 있기 때문이다.

사람들은 죄를 가벼이 여긴다. 그래서 죄에서 벗어나지 못하고 있다. 그것은 참으로 불행이요 슬픈 일이다. 죄는 결코 가볍지 않다. 우리 주 예수 그리스도께서 죄 때문에 십자가를 지셨다. 우리의 죄를 사하시기 위해 십자가를 지셨다. 그런데 우리가 어찌 그 죄를 가벼이 여길 수 있단 말인가? 죄를 가벼이 여기기에 사람들은 죄 용서에 대해 기도하지 않는다. 수많은 다른 것에 대해서는 기도하면서도 정작 자신의 죄에 대해서는 기도하지 않는다.

기도하면서 자신의 죄를 깨달아야 한다. 죄를 죄로도 알지 못하는 세상 속에서 살고 있기 때문에 우리는 죄를 깨달을 수 있도록 기도해야 한다. 정직하게 하나님 앞에 서야 한다. 기도 중에 우리의 죄가 깨달아져야 한다. 기도하면서 자신의 죄를 깨닫지 못한다면 아직 하나님 앞에 정직하게 서지 않은 것이다. 바르게 서 있지 않은 것이다. 거룩하신 하나님 앞이 아니라 공허한 만들어진 신 앞에 서 있는 것이다.

가장 심각한 죄는 자신이 죄를 행하면서도 그것을 모를 때이다. 죄를 죄로 알아야 한다. 죄를 죄로 깨닫지 못하면 그 죄가 자신을 죽인다. 큰 죄가 아니라 그가 깨닫지 못하는 죄로 인해 그 자신이 깨어지고 교회가 깨어지고 하나님 나라가 깨진다. 어떤 사람은 교회를 파괴하면서도 그것이 마치 옳은 것처럼 생각한다. 싸우고 악을 행하면서 그것이 사명이라는 사람도 보았다. 악을 행하는 것이 사명인 사람은 악의 종이다.

아는 죄보다 모르는 죄에 의해 더 큰 일이 벌어진다. 가룟유다의 죄를 생각해 본 적이 있는가? 그는 예수님을 판 역사적인 가장 큰 죄인이지만 사실 그는 자신이 하고 있는 일에 대해 정당화하고 있었을 것이다. 민족의 해방을 위해 한 사람을 희생시키는 것쯤은 쉽게 생각하였던 것이다. 그가 예수님을 판 이후에는 죄를 깨달았지만 전에는 죄를 깨닫지 못했었다는 것을 알아야 한다.

죄사함을 위해 기도하기 위해서는 자신 안의 죄를 발견하는 것이 중요하다. 죄란 무엇일까? 선악과를 생각하면 알 수 있다. 죄란 선과 악을 내가 정하는 것이다. 곧 죄란 내 생각과 내 감정대로 사는 것이다. 우리는 오직 하나님이 정해주신 것에 따라 생각하고 마음을 가져야 한다. 그런데 죄는 자기 자신을 높이고 자기 생각과 감정대로 행하게 한다. 바로 그 자기 자랑에서 수많은 죄의 항목들이 나온다.

자신의 죄에 대해 너무 생각하지 않고 죄사함을 구하지 않는 경향이 강하다. 우리는 기도할 때 자신의 허물을 돌이켜 볼 수 있어야 한다. 그런데 이것을 기도하지 않음으로 얼마나 많은 기도하는 사람들이 기도의 은혜 없이 살고 있는지 모른다. 기도하는 사람임에도 불구하고 허물이 줄어들지 않고 여전히 허물의 사람으로 남아있다면 그것은 문제다. 기도하는 사람이라 하면 자신의 허물을 깨닫고 그 허물을 회개하여 성화되어가는 것이 당연한 것인데 기도할수록 더 고집불통이 된다면 기도가 잘못된 것이다. 기도와 성화를 연결하지 못한다면 그것은 기도의 문제다. 죄를 깨닫는 기도가 중요하다. 그리고 치유하는 유일한 방식인 예수 그리스도의 죄사함을 간구해야 한다.

7대죄라는 것이 있다. "7대죄"(The Seven Deadly Sins)라는 단어를 들어 보았는가? 7대죄는 일반명사가 아니라 고유명사다.

"사람에게 심각한 영향을 미치는 치명적인 7가지 죄의 항목"을 의미하는 이 단어는 동방수도원 운동에 그 기원을 두고 있다. 후에 대 그레고리 교황에 의하여 지금의 7가지 항목이 확립되었다. 7대죄의 항목은 "교만, 시기, 분노, 게으름, 탐욕(소유), 탐식(소비), 탐색(오용)"이다. 죄사함을 기도할 때 자신 안에 7대죄의 항목을 대입하며 기도하는 것도 좋다. 죄를 뭉뚱그리지 말고 구체적으로 기도해야 한다. 7대죄를 하루에 하나씩 기도하는 것도 좋고, 지금 자신의 주변에서 일어나는 일에 대해 구체적으로 죄가 무엇인지 생각해 보는 것도 좋다. 여하튼 기도하면서 조금 더 세부적으로 자신의 죄를 생각해 보고 그것에 대해 죄사함을 얻도록 기도해야 한다.

그렇게 죄를 구분하면 벌써 반은 간 것이다. 병도 무슨 병인지 모르면 고칠 수 없다고 한다. 죄도 어떤 것이 잘못인지 알아야 하나님께 기도할 수 있고 그 죄와 싸울 수도 있어 죄사함을 받을 수 있다. 자신의 죄를 고백하고 죄의 사함을 간구해야 한다. 그런데 가장 문제는 사람들이 자신의 죄를 의식하지 못한다는 것이다. 그래서 우리는 기도로 자신의 죄를 인식해야 한다.

기도는 거룩하신 하나님 앞에 서는 것이다. 거룩하신 하나님 앞에 서면 거룩하지 못한 우리의 모습을 보게 된다. 거룩하지 못한 자신의 모습을 보지 못한다면 하나님 앞에 서지 않은 것이다. 거룩하신 하나님 앞에 나가면 우리는 그분의 거룩하신 빛으로 인해 자신의 죄를 인식하게 된다. 그리고 그렇게 자신의 죄를 깨닫게 되었을 때 그것을 사하시길 기도해야 하며, 그것을 이기도록 기도해야 한다.

그런데 많은 경우 우리의 기도에서 죄에 대한 이러한 기도가 없다. 간혹 죄에 대해 기도한다면 처음 믿었을 때 이야기와, 모든 것을 뭉뚱그려서 하는 죄용서에 대한 기도일 뿐이다. 그러나 어찌 모르고 돌아설 수 있겠는가? 알아야 한다. 그래야 돌아선다. 회개가 가능하다.

죄에 대해 그렇게 무지하면서 어찌 죄에 대해 기도하지 않는가? 그러니 기도를 헛한다는 말이 나올법하다. 헛된 기도를 하지 말고 진실한 기도가 되어야 한다. 죄가 인식되지 못하고, 죄에서 돌이킴이 동반되지 않는 기도라면 그 사람의 기도는 분명 헛된 기도이다.

죄의 5단계를 생각해 보자. "죄-죄의식-통회-고백-돌이킴"이다. 모든 사람들은 '죄' 속에 살고 있다. 그 속에서 무엇이 죄인지도 모르고 산다. 그러다가 일부의 사람들은 죄를 인식하기

Part 2 주기도문 해설

시작한다. 죄를 죄로 인식하는 '죄의식'을 가지는 것이 죄를 회개하는 기초다. 죄를 죄로 알았다면 그 다음은 그 죄에 대해 아파해야 한다. 그것이 바로 '통회'다. 죄를 슬퍼하고 아파해야 그 죄에서 돌이킬 수 있다. 죄를 슬퍼하지 않고 아파하지 않으면 그 사람은 죄와 함께 살게 될 것이다. 죄를 슬퍼하고 아파하며 어찌해야 할지 모르다가 그 죄를 하나님 앞에 '고백'하게 된다. 내가 죄를 행하였노라고, 나의 죄를 용서해달라고 하나님께 고백하는 것이 죄에서 벗어나는 결정적 전환점이 된다. 하나님만이 우리의 죄를 용서해 주실 수 있기 때문이다.

고백에 대해 조금 더 자세히 살펴보고자 한다. 고백은 하나님께 입술로만 하는 것이 아니라 외적인 것으로 나타나야 한다. 구약시대에는 자신의 죄에 대한 보상제도가 있었다. 중세(중세는 로마가톨릭 시대가 아니라 개신교의 역사이기도 하다)에는 고해성사를 하면 그에 합당한 고행이 따랐다. 그러다가 고행이 어렵기도 하고 다른 이해관계가 얽혀 고행 대신 면죄부가 팔리게 된 것이다. 예수님은 형제의 죄를 용서해주라고 하셨다. 그래야 고백이 진실하게 된다. 진실되어야 하나님이 그 고백을 받아주신다.

이런 말도 안 되는 경우를 들어 봤을 것이다. 죄를 통한 이

익은 얻고 싶고 죄가 나쁜 것은 알기에 "하나님 이번만 용서해 주옵소서" 하면서 죄를 저지른다. 아니면 "죄를 범하고 나서 회개하면 되지"라는 말을 한다. 그것은 고백(크게는 회개)을 모르기 때문에 하는 말이다. 고백은 사실 자신이 죄에서 얻은 이익보다 몇 배 더 값을 치러야 한다. 만 달란트 비유에서도 만 달란트는 죄의 삯은 죽음이라는 측면으로 그토록 죄 값이 크다는 것을 의미한다. 죄의 고백적인 측면이 약화되면서 죄를 가벼이 여기는 경향이 강하다. 죄의 고백적인 측면이 약화됨으로 참된 회개가 너무 적다.

이것은 신학의 오용이 낳은 결과다. 신학에서는 오직 그리스도의 피만으로 우리의 죄를 씻을 수 있다고 말한다. 이것은 백 번, 만 번 말해도 맞다. 그런데 이것을 오해하여 마치 그렇게 그리스도의 피만 말하면 된다고 생각하는 사람은 자신이 그리스도의 피를 망령되이 일컫는 사람이라는 사실을 모른다. 그래서 그렇게 그리스도의 피를 말하는 사람은 그리스도의 피를 가장 믿지 않는 사람이다. 사실 그리스도의 이름을 망령되이 일컫는 사람이 가장 나쁘다. 이것을 모르니 회개한다고 하면서 회개를 가장 더럽히는 사람이 된다.

마지막 단계는 돌이킴이다. 돌아서는 것은 죄를 벗어나는 마지막 단계다. 죄를 범하였던 것에 머물러 있는 것이 아니라 돌아서야 한다. 방향을 바꾸고 행동이 바뀌어야 한다. 반복하여 범하지 않도록 돌아서야 한다. 물론 때로는 우리의 연약함 때문에 반복하여 죄를 범하기도 한다. 그러나 그 반복은 전과 동일한 것이 아니라 많이 나아져 있어야 한다. 그래서 동일한 죄를 범하여도 전보다는 더 빨리 죄의식을 하고, 더 깊이 통회하며, 더 진지한 고백과 더불어 돌이킴에까지 이르게 된다. 전에 학습(진지한 학습)된 회개가 있기 때문에 더 익숙하게 그리고 효과적으로 회개할 수 있는 것이다.

우리가 죄사함을 위해 기도할 때는 죄에 대해 이러한 5단계를 생각해야 한다. 각 단계마다 걸려 있는 경우도 있을 것이다. 많은 사람은 죄의식도 하지 못하는 단계에서 머물고, 어떤 사람은 죄를 아파하는 통회가 안 되는 단계에서 머무는 경우도 있다. 또한 고백의 단계에서 안 되는 사람도 많으며 돌이킴에서 안 되기도 한다. 그러기에 기도하면서 자신이 멈추어 있는 그 단계를 깨닫고 기도함으로 하나님이 주시는 힘으로 이겨가야 한다.

죄사함을 받도록 매일 기도해야 하는 이유는 무엇일까? 우리가 예수님을 믿을 때 우리의 과거, 현재, 미래의 죄까지 모든 것이 사해지는 것이 아닌가? 그러기에 한 번만 기도하면 되는 것이 아닐까? 참으로 믿는 사람이라면 그가 어떤 항목에 대해 죄사함을 기도하지 않았다 하여 죄사함이 없는 것이 아니다. 그러니 자살은 회개할 기회 없이 죽는 것이니 지옥에 간다는 주장은 유치한 주장이다. 모든 사람은 자신의 죄에 대해 충분히 다 회개하지 못한다. 그래도 모든 믿는 사람은 죄사함을 받는다. 그렇다면 이미 죄사함을 받은 사람이 또 죄사함을 위해 기도해야 하는 이유는 무엇일까?

우리는 날마다 죄를 범하는 존재이다. 그래서 죄의 사함을 위해 날마다 기도해야 한다. 죄사함을 위해 기도할 때 용서받는 것도 중요하지만 죄를 이길 수 있게 된다는 면에서도 중요하다. 이긴다는 것은 그 죄에 대해 사함을 얻는 것이며, 다시는 그 죄를 범하지 않도록 힘을 얻는 것이기도 하다. 우리는 우리의 죄를 사하여 달라고 기도해야 한다. 주님이 우리의 죄를 단번에 사하셨으니 이제 더 이상 기도하지 않아도 되는 것이 아니다.

한 번에 이루어지는 죄용서가 원리라 하면 매일 구하는 죄용서의 간구는 실제이다. 한 번에 이루어지는 죄용서를 칭의라고 한다면 매일 이루어져야 하는 죄용서는 성화에 가깝다. 칭의 없는 성화가 없듯이 성화 없는 칭의도 없다. 자신의 죄에 대해 용서를 구한다는 것은 자신의 죄를 인정하는 것이다. 그리고 또한 다시는 하지 않겠다는 의지다.

우리는 죄가 참으로 악한 것임을 안다. 그러기에 우리는 이 죄를 이겨야 한다. 이 죄를 이기기 위해서 우리는 우리의 죄 용서를 구해야 한다. 그렇지 않으면 그 죄가 계속하여 우리의 삶을 파괴하고 우리의 교회를 파괴할 것이다.

죄에 대해 생각할 때 오늘날 고백주의가 팽배하다. 오직 하나님께 죄용서를 고백하기만 하면 된다는 믿음이다. 꽤 그럴싸한 생각이다. 그러나 그렇지 않다. 죄는 오직 하나님만 용서하실 수 있다. 그러니 하나님께 기도해야 한다. 그러나 하나님께 기도함으로만 해결되는 것은 결코 아니다. 죄용서에 대해 예수님이 만 달란트 빚진자에게 말씀하신 것을 기억해야 한다. 그는 분명히 주인과의 관계에서는 만 달란트를 탕감 받았다. 주인과의 관계에서는 말을 잘 하였다. 그러나 그는 동료와의 관계를 잘못하여 다시 만 달란트의 빚이 부과되었다. 죄는 하나님께만 고백한다고 다 된 것이 아니다. 물론 하나님께 고백하는 것이 가장 중요하다. 그러나 그것이 전부는 아니다.

주님이 가르치신 기도에서는 자신의 죄사함을 기도할 때 자신이 먼저 타인의 죄를 용서해야 함을 전제조건으로 말씀하신다. 우리는 믿음에서 조건이라는 것에 익숙하지 않다. '무조건적 은혜'를 생각한다. 그러나 무조건적 은혜라는 것은 우리가 우리의 행위만으로는 구원 얻을 만한 조건이 없다는 것을 의미하지 우리가 해야 하는 것을 부정하는 것이 아니다. 구원을 위해 우리가 가야 할 길이 많다. 말씀을 보아야 하고, 예배에 참석해야 하고, 이웃을 사랑해야 하고… 수 없이 많지 않은가? 그러니 조건이라는 것에 알레르기 반응을 보여서는 안 된다. 당장 오늘 본문에서 예수님은 우리에게 죄사함의 조건으로 우리가 해야 하는 죄용서에 대해 말씀하신다.

물론 우리가 죄용서를 하였다 하여 죄사함을 받을 자격이 생긴다는 것은 아니다. 그런 면에 있어서는 조건이 아니다. 곧 죄용서가 죄사함의 필요충분조건은 아니다. 그러나 하나님이 죄용서를 하실 때 우리가 죄용서를 하였는지를 보신다. 이것을 두렵고 떨림으로 생각할 수 있어야 한다. 우리가 이웃의 죄를 용서하지 않으면 하나님도 우리의 죄를 용서하지 않으실 것이다.

용서하지 않고 죄사함을 구하는 것은 거짓이다. 엉터리다.

앞과 뒤가 맞지 않다. 만 달란트 빚진 자를 사해주시고 백 데나리온의 부채를 가진 자에게 긍휼의 마음을 가지라 하시는 하나님의 마음을 알아야 한다. 백 데나리온으로 만 달란트를 갚을 수는 없다. 그러나 백 데나리온으로 그 은혜를 취소시킬 수는 있다. 이것을 명심해야 할 것이다.

> 주인이 그를 불러다가 말하되 악한 종아 네가 빌기에 내가 네 빚을 전부 탕감하여 주었거늘 내가 너를 불쌍히 여김과 같이 너도 네 동료를 불쌍히 여김이 마땅하지 아니하냐 하고 주인이 노하여 그 빚을 다 갚도록 그를 옥졸들에게 넘기니라 너희가 각각 마음으로부터 형제를 용서하지 아니하면 나의 하늘 아버지께서도 너희에게 이와 같이 하시리라(마 18:32-35).

우리가 누군가를 용서해 주는 것은 결코 쉽지 않다. 그것만을 보면 그것도 상당한 희생이 요구되는 것이다. 그러나 우리가 용서함을 받은 것을 생각하면 그것은 결코 큰 희생이 아니다. 그것은 껌 값이다.

죄사함을 위해 기도할 때 죄책감과 죄의식에 대해 구분할 줄 알아야 한다. 죄책감은 버려야 하는 것이며, 죄의식은 꼭 가져야 하는 것이다. 죄책감이란 무엇일까? 죄책감이란 죄에 대해 과도하게 책임을 지는 자세이다. 죄는 오직 그리스도만이 사해주실 수 있고, 사해주셨는데 여전히 죄를 자신이 짊어지고 가려는 자세이다. 죄책감은 그리스도의 보혈로 죄사함을 받는 것에 대해 모르기 때문에 일어난다. 죄책감은 죄에 대한 집착을 낳고 그로 인해 더욱 나쁜 길로 빠져든다.

죄책감은 사람을 파멸에 이르게 한다. 아무리 큰 죄라 할지라도 그리스도의 피로 씻지 못할 죄가 없는데 죄책감에 사로잡힌 사람은 기도하였음에도 불구하고 여전히 그 죄가 씻기지 않은 것처럼 생각한다. 그래서 여전히 그 죄 때문에 불안하고 두려움에 떤다. 그렇게 죄를 생각하는 것은 어찌 보면 좋은 것처럼 생각할 수 있으나 그렇지 못하다. 그것은 죄의 주인인 악한 영이 좋아하는 것이다. 죄책감은 오히려 우리를 죄의 영향 아래 둔다.

그러면 죄의식이란 무엇일까? 죄를 죄로 알고 아파하는 것이다. 나쁜 짓을 저지르면서도 그것을 죄로 의식하지 못하는 사람이 있다. 죄를 범하면서도 책임감이 없는 사람도 있다. 그것은 매우 잘못된 것이다. 기독교인은 죄에 대한 바른 의식을 가져야 한다. 민감해야 한다. 죄의식이 없으면 가장 나쁜 사람이 된다.

죄사함을 구하는 기도를 하고 있는가? 구해야 한다. 죄사함은 우리에게 가장 필요한 것이다. 다른 것을 다 가지고 있어도 죄사함을 받지 못하면 그 가진 것이 무의미하다. 우리는 오직 죄사함을 받아야만 살 수 있다. 죄사함을 받지 않고 다른 것을 기도하는 것은 생명 없는 기도다.

06
시험에 들지 않게

여섯 번째 기도제목 – "우리를 시험에 들게 하지 마옵시고"

시련과 유혹으로 다가오는 시험에 들지 않도록 기도해야 한다. 시련에는 인내하도록, 유혹에는 넘어가지 않도록 기도해야 한다. 시험에 빠지면 이전에 이룬 모든 것이 한꺼번에 무너진다. 그러니 시험이 없는 것 같아도 항상 깨어 있어 시험이 무엇인지를 잘 살피며 기도해야 한다.

구절설명

"**시험**"은 두 종류가 있다. 시련과 유혹이다. 헬라어 원어는 같은 단어를 쓰지만 문맥상 분명히 두 가지로 세분할 수 있다. "**들게 하지 마옵시고**"는 시험에 빠지는 것을 의미한다. 시험에 빠지는 것은 그 시험이 시련이라면 시련에 넘어져 죄를 범하는 것이고, 유혹이라면 유혹에 넘어져 죄를 범하는 것이다.

이렇게 기도하라

"시험"이라는 것이 무엇인가? 우리는 먼저 시험에는 두 가지 종류가 있다는 것을 알아야 한다. 시련이라는 시험과 유혹이라는 시험이 그것이다. 보통 사람들이 시험을 이야기 할 때는 시련을 생각한다. 그리고 그 시험의 때에 보통은 그 시련을 없애 달라고 기도한다. 그러나 그것은 바른 기도가 아니다. 루터는 "기도와 묵상과 시험이 사람을 신학자가 되게 한다"고 말하였다. 시험이라는 것은 피하는 것이 상책이 아니라 이겨야 하는 것이다. 그렇게 시험에 이기게 해 달라고 기도하는 것이 바로 시험에 빠지지(들지) 않게 기도하는 것이다.

시험이란 항상 있다. 아니 있어야 한다. 시험거리를 없애 달라고 기도할 것이 아니라 시험에 빠지지 않게 해 달라고 기도해야 한다. 지금 좋아하지 않는 것이 있는가? 그것이 시험이 되기 쉽다. 그것이 시련이라는 시험이다.

시험에 든다는 것이 무엇인가? 시련을 잘 대처하지 못하고 시련을 벗어나려고만 하거나 시련에 불평과 불만이 가득한 것이며, 악한 방법까지 사용하면서 시련을 벗어나려는 것이 시험에 드는 것이다. 그러기에 무조건 그것을 피하려 하지 말고 말씀에 입각하여 대처하도록 더욱 기도해야 한다.

사실 시련이라는 것은 매우 필요한 것이다. 그 시련은 우리의 믿음의 테스트 기간이다. 그 테스트가 있어야 우리의 믿음이 더 성숙한다. 학교에서 시험을 보고 진학하는 것과 같다. 시험이 없으면 진학할 수 없다. 그런데 시련이 없기만을 기도하니 진학할 수가 없다. 어떤 사람이 시련을 좋아하겠는가? 피하고 싶을 것이다. 그래서 그것을 빠져 나올 수 있도록 기도하는 것은 나쁘지 않다. 그러나 빠져나오는 것보다 더 급히 기도해야 하는 것은 그 시험에 빠지지 않도록 기도하는 것이다.

시련 중에 있는 사람들은 자신이 가장 힘들다고 생각한다. 그래서 때로는 힘들기에 악도 합리화할 수 있다. 시련에서 빨리 빠져 나오려고 악한 것을 선택하기 쉽다. 시련 중에 있으니 예배를 빠져도 된다고 생각하기 쉽다. 곧 시련의 때는 시련 자체가 문제가 아니라 그 시련으로 인하여 죄를 더 범하기 쉽기에 위험하다. 마치 몸에 면역력이 떨어진 것과 같다. 다른 때는 죄를 이길 수 있었는데 시련 중에 있을 때는 면역력이 떨어져서 죄에 쉽게 감염된다. 그러니 시련 중에는 그러한 죄의 감염에 대해 더욱 기도해야 한다. 시련이라는 시험에 처했을 때 기억해야 하는 것은 시련 그 자체가 죄는 아니라는 것이다.

유혹이라는 시험을 사람들이 간과하는 경향이 있다. 그래서 유혹에 빠지지 않도록 기도하는 것을 게을리 한다. 그러나 믿음이 좋은 사람들이 유혹에 넘어가 죄를 범하는 경우가 얼마나 많은가? 외투를 벗기는 내기에서도 태양이 바람을 이기지 않는가? 사람들은 시련보다는 유혹에 약하다. 그러니 사실 우리는 유혹에 빠지지 않도록 더 기도해야 한다. 지금 나의 삶에 어떤 유혹이 있는지 잘 살피면서 기도해야 한다. 그 유혹에 넘어가지 않도록 기도해야 한다.

지금 좋아하는 것이 있는가? 그것은 유혹이 되기 쉽다. 유혹은 사람들이 많이 간과하는 아주 위험한 시험이다. 그 시험에 빠지지 않도록 더욱 기도해야 한다. 유혹의 측면을 기도할 때는 지금 내가 좋아하는 것에 대해서 기도해야 한다. 혹시 내가 좋아하는 그것이 유혹은 아닌지 점검하면서 기도해야 한다. 내가 시간을 많이 들여서 무엇을 하고 있다면 그것이 유혹으로 나를 끌어당기고 있는 것은 아닌지 점검해야 한다. 그러다 보면 유혹에 대해 기도해야 하는 것이 많다는 것을 알 수 있다. 시련이라는 시험의 때에 기도하는 사람들도 유혹의 때에는 기도하지 않는 경향이 강하다. 사람들은 유혹의 때에 기도하지 않음으로 더 많이 시험에 빠진다. 얼마나 많은 사람들이 유혹이라는 시험에 넘어졌는가?

시련과 유혹 중에 무엇에 더 많이 넘어질까? 분명 유혹일 것이다. 그런데 사람들은 무엇을 더 기도할까? 분명 시련일 것이다. 그만큼 우리는 무엇을 기도해야 하는지 모른다. 이러한 우리의 성향은 기도하면서 바뀌어야 한다. 우리에게 진정 필요한 것을 기도할 줄 아는 사람이 되어야 한다. 기도하면서 유혹이 무엇인지 깨달아야 한다.

완벽한 교회를 꿈꾸어 본 적이 있는가? 완벽한 교회란 어떤 교회일까? 시험거리가 없는 교회가 완벽한 교회라고 생각하는 사람들이 있다. 연약한 성도가 없고 모든 성도가 성숙해야 한다고 생각하기도 한다. 그렇게 모두가 성숙하면 교회 생활에서 문제가 없을 것이기 때문에 그런 교회가 완벽하다고 생각한다. 그래서 보기에 좋은 교회를 찾아 나서기도 한다.

그러나 그런 교회는 결코 존재하지도 않을 뿐만 아니라 완벽한 교회가 아니라 가장 좋지 못한 교회일 가능성이 높다. 교회란 전투적 교회이어야 한다. 믿음이 없는 구도자들이 교회에 있어야 하고, 믿음이 연약한 이들이 또한 함께 있어 자라가야 한다. 그런데 그런 사람들이 함께 있으면 많은 시험거리가 생긴다. 그래서 힘들다.

그러나 바로 그것이 교회다. 시험거리를 두려워하지 말라. 시험 없이 교회에 다니고 있는가? 그렇다면 껍데기만 교회에 다니는 사람일 가능성이 높다. 교회에서 시험을 당해야 한다. 그리고 믿음으로 시험을 이겨내고 있어야 한다. 일하지 않는 사람은 시험도 당하지 않을 것이다. 그리고 시험을 이기는 일도 없을 것이다. 그것은 죽은 신앙이 된다. 그러니 교회에서 열심히 일하고 시험도 당해라. 그리고 시험을 이겨라. 그것이 우리를 향한 하나님의 뜻이며 지상교회의 진정한 모습이다.

교회를 생각하면 때로는 수많은 시험이 생각날 것이다. 그만큼 함께한다는 것은 어렵다. 세상이라면 한바탕 싸우기라도 하겠지만 교회에서는 그럴 수도 없으니 더욱 힘들다. 그래서 많은 사람들은 도망간다. 다른 교회로 도망가고, 구석을 찾아 도망간다. 그렇게 도망갈 때 사탄은 기뻐한다. 우리가 시험을 피하면 사탄은 기뻐한다. 사탄이 우리를 쓰러뜨리려 할 때 넘어지지 않는 유일한 방법은 무엇일까? 우리가 홀로 사탄을 상대하면 백전백패다. 우리는 하나님을 의지해야 하고, 하나님이 주신 성도의 교제가 있어야 한다. 그런데 시험을 피하다가 성도의 교제를 등한히 하여 결국은 사탄을 맞이하게 되고 넘어지는 것을 너무 많이 보았다. 시험을 피하지 마라. 시험을 이겨라.

Part 2 주기도문 해설

예수님이 가르쳐 주신

기도
The Lord's Prayer

07
악에서 구하옵소서

일곱 번째 기도제목 – "다만 악에서 구하옵소서"

모든 것이 완벽하여도 사탄은 우리를 이길 수 있다. 그러기에 우리는 한 치의 빈틈도 없이 오직 모든 것에 하나님을 의지해야 한다. 악한 영이 틈을 타지 못하도록 하나님을 의지하며 하나님께 기도해야 한다.

구절설명

"**다만**"으로 번역된 헬라어는 '그러나'와 '그리고'로 번역될 수 있는 단어로 앞뒤 문맥상 보통 '그러나'로 번역하나 의미상으로는 '그리고'로 번역하여도 무방하다.

"**악에서 구하옵소서**"에서 악이란 악한 행위나 악한 영을 의미하는데 여기에서는 악한 영, 사탄을 지칭한다.

이렇게 기도하라

우리는 하나님을 절대의존해야 하는 존재임을 알고 악에서의 보호를 간구해야 한다.

소요리 문답이나 청교도들의 작품을 보면 전통적으로 주기도문을 6가지 간구로 잡는다. 일곱 번째 간구를 여섯 번째 간구의 연장선상에서 다루기 때문이다. 그러나 요즘은 일곱 개로 잡는 경우가 더 많아졌고 나도 그렇게 생각한다. 시험에 빠지지 않도록 해 달라는 것과 악에서 구해달라고 하는 것은 차이가 있기 때문이다.

인간은 약하다. 인간은 절대적으로 하나님을 의존하여야 한다. 우리 기도의 마지막 간구는 바로 그러한 것에 대한 고백이요 간구이다. 자신을 의지하는 것은 믿음이 아니다. 우리는 쉬운 일이든지 어려운 일이든지 하나님을 의존해야 한다. 세상에서 일어나는 일 중에 하나님의 도우심 없이 이룰 수 있는 것이 무엇이 있을까? 아무 것도 없다.

세상의 자기계발서나 학문은 사람의 독립성을 독려한다. 그러나 기독교 신앙은 철저히 하나님을 의존하게 한다. 이것이 가장 큰 차이다. 물론 기독교 신앙이 독립성을 키우지 않는다고 생각하면 큰 착각이다. 그런데 그 독립성은 철저히 하나님 안에서의 독립성으로서 의존적 독립성이라는 것을 알아야 한다. 하나님을 떠난 독립성은 언제든 악한 영의 먹잇감밖에 되지 않는다. 우리가 아무리 강하여도 악한 영보다는 강할 수 없기 때문이다. 우리가 아무리 거룩하여도 우리 안에 깊숙이 뿌리박힌 죄성은 더욱 강하기 때문이다. 따라서 우리는 철저히 하나님께 의존해야 한다. 그렇게 하나님의 다스리심과 보호하심을 구하는 것이 일곱 번째 기도제목이다.

악은 우리보다 강하다. 훨씬 더 강하다. 사탄의 존재를 믿는가? 믿지 않는 사람은 기도도 하지 않을 것이니 이 글을 읽지 않을 것이다. 믿는 사람이라면 사탄이 얼마나 악하고 강한지 알 것이다. 보이지 않지만 악한 영은 항상 우리를 넘어뜨리려 한다. 그래서 작은 일에도 악한 영이 개입하여 우리를 넘어지게 한다. 그러기에 베드로의 충고에 귀 기울여야 한다.

> 근신하라 깨어라 너희 대적 마귀가 우는 사자 같이 두루 다니며 삼킬 자를 찾나니 너희는 믿음을 굳건하게 하여 그를 대적하라(벧전 5:8-9).

우리보다 비교할 수 없을 정도로 더 강하고 악한 영이 우리를 잡아먹으려고 혈안이 되어 있는데 우리는 어떻게 해야겠는가? 악한 영보다 더 강한 하나님을 의지해야 할 것이다. 그래서 우리는 항상 "악에서 구하옵소서"라고 기도해야 하는 것이다.

선줄로 생각하는 사람은 넘어지게 될 것이다. 아무리 성숙한 사람이라도 악한 영 가운데 가장 약한 자에게도 지기 때문이다. 그러나 자신이 약하다는 것을 알아 하나님을 의지하는 사람은 아무리 약한 사람이라도 가장 강한 악도 이길 수 있게 된다. 하나님은 아무리 강한 악한 영이라도 이기시기 때문이다. 그러기에 우리는 하나님을 절대 의존해야 하는 존재임을 기억해야 한다. 오직 하나님만을 의지하며 악한 영에 대항하여 싸워야 한다. 우리가 악한 영을 이기는 유일한 방법은 오직 하나님을 의지하는 것이다. 이것을 명심하라. 모든 일에 하나님의 지혜를 구하고 하나님의 보호하심과 건지심을 구하라.

악에 대항할 수 있는 시스템을 가지는 것이 중요하다. 예배에 대한 절대규칙이나 말씀과 기도에 대한 절대규칙을 가지는 것이 좋다. 그렇게 우리가 하나님 앞에 서게 될 때 빛 앞에서 어둠이 사라지듯이 악은 자연스럽게 사라지게 될 것이다. 그래서 "악에서 구하옵소서"라고 기도할 때는 자기 자신을 돌아보면서 기도해야 한다. 철저히 하나님만을 의지하면서 살고 있는지를 돌아보아야 한다. 자신의 일과와 습관이 하나님을 의지하고 있는 것인지 아니면 자신을 의지하고 있는 것인지를 살펴보아야 한다.

이 세상은 주님의 말씀에 바다를 걸었던 베드로와 같다. 베드로가 물 위를 걸을 수 있었던 것은 예수님을 의지할 때였다. 그러나 그가 예수님을 의지하는 마음을 놓쳤을 때 물에 빠질 수밖에 없었듯이 우리도 그러하다. 물에 빠지는 것은 우리의 몸무게와는 상관없다. 몸무게가 100kg이든 50kg이든 상관없이 모든 사람은 바다에 빠진다. 그가 신앙이 성숙한 사람인가 미성숙한 사람인가도 상관없다. 하나님을 의지하면 빠지지 않을 것이요, 의지하지 않으면 빠질 것이다. 그러기에 아무리 신앙이 성숙한 사람이라 할지라도 항상 하나님을 의지해야 한다. 모든 사람은 항상 주님의 손을 잡아야 한다. 모든 사람은 항상 "악에서 구하옵소서"라고 기도해야 한다.

"악에서 구하옵소서"라는 간구에서 가장 중요한 것은 하나님을 향한 절대의존이다. 우리는 악에서 스스로 보호할 수 없다. 악에서 보호받기 위해 하나님의 은혜가 절대적으로 필요하다.

예수님이 가르쳐 주신
기도
The Lord's Prayer

III. 기도 출구(송영)

기도 출구 – "대개 나라와 권세와 영광이 아버지께 영원히 있사옵나이다 아멘"

대화를 마치는 부분이다. 기도제목이 아니라 하나님을 찬양하는 것이다. 기도한 모든 것에 대해 확신을 갖는 것이다. 하나님을 힘있게 찬양함으로 하나님의 자녀로서의 자신을 갖게 된다.

구절설명

송영의 진위여부를 먼저 살펴보고자 한다. 주기도문이 발

췌된 마태복음 6:13에서 이 부분은 괄호로 처리되어 있다. 요즘 성경번역본에서 괄호 안에 있는 것은 사본학적으로 성경원본에는 없었을 가능성이 많으나 후대에 삽입된 부분을 괄호로 처리한 것이다. 마태복음 6:13의 경우 많은 번역본이 송영 부분을 괄호 처리도 없이 삭제하여 아예 기록하지 않기도 하고, 일부 번역본은 괄호 처리하여 그 내용을 기록하고 있다. 그러기에 학자들은 송영 부분이 성경원본에는 없었을 가능성을 높게 본다.

그렇다면 오늘날 우리들의 주기도문에서 이 부분을 생략하여야 할까? 예수님이 이 기도를 가르쳐 주실 때를 생각해 보아야 할 것 같다. 송영이 성경원본에 있었는지 없었는지의 진위 여부를 떠나 예수님 당시의 기도에는 송영이 들어가는 것이 당연하였다. 모든 기도에 송영이 있었다. 그 당시의 기도문을 보면 항상 주기도문과 비슷한 송영이 들어간다. 어쩌면 너무나 당연하기에 빠져 있는 것인지도 모른다. 너무 당연한 것이 후대에 들어서 잊혀지니까 송영 부분을 후대의 필사자가 성경에 삽입하여 남기고자 하였던 것 같다. 그러기에 오늘날 우리가 송영을 사용하여 기도하는 것은 매우 당연하고 기본적이라 할 수 있다.

"**대개**"는 '요약하여', '대략'의 뜻이며 '결국'의 의미를 내포하고 있다. 마태복음 6:13에는 없는 단어이나 이 부분을 괄호 처리하여 번역하고 있는 NASB에서는 'for'(~때문)로 번역하며, YLT에서는 'because'(~때문)로 번역하고 있다.

"나라와 권세와 영광"은 우주적 통치와 모든 것을 하나님의 뜻대로 통치하실 수 있는 권세와 통치의 영광을 의미한다.

"아버지께 영원히 있사옵나이다"에서 '있다'는 것은 소유하고 있다는 것이다. 우주와 우주를 초월한 모든 것의 통치와 통치의 권세와 통치의 영광은 영원토록 오직 하나님 아버지의 것이다.

"아멘"은 '진실로'라는 뜻을 가진 부사로서 내가 한 말이 진실로 한 것이라는 '맹세'의 성격이 있으며, 남이 한 말에 "아멘" 할 때는 '동의'한다는 의미를 갖는다.

이렇게 기도하라

대화의 마지막은 송영이다. 송영은 전능하신 하나님과 대화를 마치는 예의이며, 기도 후 기도의 마음을 가지고 살게 하는 것이다.

대화에서 가장 큰 실례는 불신일 것이다. 하나님과의 대화(기도)도 마찬가지다. 어떤 사람은 기도를 하고 돌아가면서도 얼굴이 어둡다. 그것은 하나님의 통치를 믿지 못하는 모습이다. 하나님의 권세를 믿지 못하는 모습이다. 우리는 대화를 마치고 송영을 함으로 모든 권세가 오직 하나님께 있음을 고백한다. 선포한다. 그러하기에 기도했으면 이제 모든 것을 하나님께 맡기고 기쁜 마음으로 대화를 마쳐야 한다.

기도하면서 우리는 하나님의 나라와 뜻을 구하면서 하나님의 음성을 듣는다. 그것이 나의 생각과 다를 수도 있다. 그러나 이제 기도하고 나설 때는 오직 하나님께 영광이 돌려지기를 소원하며 하나님의 나라와 뜻에 순종하겠노라 다짐한다.

때로 기도하면서도 우리는 우리의 잘못을 드러내기도 한다. 그래서 잘못 기도할 수도 있다. 그러나 우리는 송영으로 그것도 마무리 한다. 마치 예수님이 "내 뜻대로 마시고 하나님의 뜻대로 하시옵소서"라고 기도하셨듯이 우리도 기도하면서 "혹시 잘못 구한 것은 제거하여 주시고 오직 하나님의 뜻만 이루어지이다"라고 기도하기도 하는데 다 같은 맥락으로서 송영에 해당한다. 오직 하나님의 나라(통치)와 권세와 영광만이 이루어지길 소원하며 기도로 마치는 것이다.

송영이 없는 기도는 자칫 잘못하면 기도와 삶을 별개의 것으로 만든다. 송영을 통해 우리는 기도하며 깨달은 것을 다시 마음에 새기고 그렇게 기도하는 마음으로 살 것을 다짐하는 것이다.

기도를 마칠 때 송영으로 마음을 담대히 하라. 나라와 권세와 영광이 하나님께 있다. 모든 것이 하나님의 것이며 하나님이 다스리신다. 우리는 그 하나님께 기도한 것이다. 그러니 이제 다시 새롭고 활기차며 행복하게 살아갈 힘을 얻게 된다.

기도를 마치면 마지막으로 송영을 해야 한다는 것을 기억하라. 이것은 마치 문을 열고 방으로 들어가 하나님과 대화를 하고 마친 후에는 문을 닫고 나오는 것과 같다. 이것이 없으면 기도를 하고도 마치지 못한 기도가 될 것이다.

"기도는 힘의 문제가 아니라 뜻의 문제입니다."

– 오 할레스비

part 3

주기도문기도

예수님이 가르쳐 주신
기도
The Lord's Prayer

나의 기도에서 주기도문은 어떤 역할을 하고 있는가 돌아보라. 주기도문은 우리의 기도에서 중요한 위치를 차지해야 한다. 예수님이 가르쳐 주신 기도이기 때문이다. 나는 이 책에서 '주기도문기도'라는 생소한 용어를 사용하고자 한다. 주기도문기도란 주님이 가르쳐 주신 기도를 사용하여 기도하는 것이다. 주기도문을 모르는 사람은 없다. 그러나 기도할 때 주기도문이 영향을 미치는 경우는 드문 것 같다. 대부분의 사람들에게 주기도문은 단지 예배 마칠 때 마침 기도로 주문 외우듯 하는 것이지 그들의 기도의 방향을 제공하고 있지는 못한 것 같다. 그래서 나는 이 책에서 주기도문기도를 제시하고자 한다.

01
주기도문기도란 무엇인가

나는 중학교 3학년 때 믿음을 위해 목숨을 버릴 수 있다는 고백을 하며 확신을 가지게 된 이후 기도생활을 해왔다. 그런데 그 동안의 기도를 돌아보면 무엇을 기도해야 하는지를 너무 몰랐던 것 같다. 나의 기도는 대부분 나를 위한 하나님의 보호를 간구하는 기도였다. 그리고 조금 더 길게 기도할 때는 나의 주변 사람들을 위한 긴 중재(중보)기도였다. 목사가 되어 이어진 신앙생활에서도 기도는 누군가를 위한 기도가 주를 이루었다. 내용은 항상 비슷하였으며 반복되었다.

어떤 사람은 10분 하면 기도할 것이 없다 하였다. 기도가 무미건조하기 때문이다. 기도는 하나님과의 대화인데 왜 그리 무미건조한 기도밖에 되지 않는 것일까? 그러다가 주기도문에서 해답을 얻었다. 주기도문을 나의 기도에 실제적으로 적용하기 시작한 이후 나의 기도는 풍성해졌다.

주기도문에서 제시하는 기도의 제목들이 생각나는가? 거의 대부분의 사람들이 주기도문에서 무엇을 간구하라고 말씀하셨는지 기억하지 못한다. 그래서 주기도문과 자신의 기도 사이에 연계성이 없다. 우리의 기도가 바른 기도가 되기 위해서는 예수님이 가르쳐 주신 기도에서 배워야 한다. 배운 바가 우리의 기도에서 실제로 사용되어야 한다.

주기도문기도는 주기도문의 기도제목을 암송하는 것에서부터 시작한다. 예수님이 가르쳐 주신 기도의 제목들이 생각나는가? 지금 생각나지 않으면 빨리 앞의 목차를 살펴보라. 기도할 때 주기도문의 9가지 항목을 명심하자. 문 열기와 7가지 기도제목 그리고 문 닫기를 기억해야 한다.

다시 묻겠다. 주기도문의 2+7구조를 바로 말할 수 있겠는가? 각각의 것이 무엇을 의미하는 것인지 설명할 수 있겠는가? 2+7구조를 띄엄띄엄 말할 수 있으면 안 된다. 술술 말할 수 있어야 한다. 그래야 기도할 때 그것에 따라 기도할 수 있지 않겠는가? 아직도 머릿속에서만 맴돈다면 빨리 다시 보라. 암기하라. 아주 깊이 각인되게 하라.

'주기도문기도'라는 단어를 어디에서도 본적은 없다. 그러나 기도에 대해 말씀을 연구하고, 실제로 기도를 하면서 깨닫게 된 것은 예수님이 가르쳐 주신 기도로 돌아가야 하고 그러기 위해서는 내가 지금 주기도문기도라고 지칭하는 것과 같은 방식으로 기도하는 것이 매우 중요하다는 것이다. 예수님이 기도를 가르쳐 주셨는데 왜 그 기도를 사용하지 않는가? 그것은 망망대해에서 돛단배가 나침반을 사용하지 않는 것과 같다. 사용하라. 주기도문을 사용하라. 그래야 우리의 기도가 방향을 바르게 잡을 수 있다.

주기도문기도를 어떻게 해야 하는지는 그리 어렵지 않다. 주기도문의 2+7구조를 기억하여 입구과 출구의 의미를 잘 기억하고 시작할 때와 마칠 때에 그렇게 하는 것이며, 기도 중에 7가지 간구의 의미를 알고 그 제목대로 기도하는 것이다.

나는 주기도문기도는 보통 새벽예배 때에 적용한다. 예배를 마치고 기도하기 시작할 때는 예배 중에 하나님 앞에 있었기 때문에 "주여"라고 부름으로 바로 하나님의 임재 앞에 엎드린다. 그런데 만약 다른 때 기도한다면 하나님의 임재 앞에 서는 것이 제일 힘들다. 그래서 조금 더 멈춤의 시간을 갖는다. 주님의 이름을 오랫동안 부른다. 주님을 찬양하기도 하면서 그 임재 앞에 들어가는 시간을 오래 갖는다.

새벽예배 이후 기도할 때 주님의 임재에 들어가면 이제 본격적으로 일곱 가지 기도제목을 가지고 기도하기 시작한다. 한

가지씩 기도하며 나간다. 한 가지 기도제목으로 기도할 때는 보통 해당하는 주기도문을 고백하며 나간다. "이름이 거룩히 여김을 받으옵소서", "나의 예배와 삶이 하나님의 이름을 거룩히 부르는 것이 되기를 소원합니다", "오직 하나님께 영광 되는 삶을 살게 하소서."

그렇게 기도할 때 생각나는 것이 있으면 그 생각에 바로 반응한다. "교회에 행복한 전도 축제가 있는데 이것을 통해 오직 하나님께만 영광이 되게 하옵소서", "어찌하여야 그 일 속에 하나님의 이름이 영광될 수 있겠는지요?", "우리의 예배하는 모든 성도들이 참으로 하나님의 이름을 거룩히 부르며 예배하게 하옵소서." 그렇게 기도한다.

그리고 두 번째 기도제목으로 넘어간다. "나라이 임하게 하옵소서", "자기 나라 속에 살고 있는 우리를 긍휼히 여겨 주옵시고 오직 하나님 나라에 마음을 쏟게 하옵소서", "하나님의 통치를 분별하게 하옵시고 수용하게 하옵소서."

그러다가 또 생각나는 것이 있으면 그것도 두 번째 기도제목과 연결하여 기도한다. "00집사님의 그 일이 자신의 나라를 이루는 것이 아니라 하나님 나라를 이루는 일 되게 하옵소서." 때로는 기도하다 잠시 생각한다. 지금 생각난 그 일에 대해 하나님 나라의 관점에서 볼 때 무엇이 옳은 것인지를 생각한다. 그리고 생각나는 그것을 기도한다. "하나님! 방금 생각나게 하신 것처럼 그 일이 하나님 나라의 일로 진행되게 하옵소서."

그렇게 기도하다 보면 기도 속에 푹 빠진다. 하나님과 대화하며 기도하는 것을 더욱더 느끼며, 하나님이 주시는 지혜를 깨닫는다. 무엇을 기도해야 하는지 큰 틀을 알기 때문에 곁길로 빠지지 않는다. 빠졌다가도 돌아온다.

첫 번째 기도제목부터 세 번째 기도제목까지(하나님 이름[영광], 나라[통치], 기뻐하시는 뜻) 기도할 때는 나의 모든 것이 내려지고 하나님께 더욱 초점이 맞추어지는 것을 느낀다. 또한 네 번째 일용할 양식을 위한 기도를 할 때는 그날의 하루를 온전히 바라보며 기도한다. 기도하다 보면 그날 나에게 진정 필요한 것이 무엇인지를 알고, 기도해야 하는 것이 무엇인지를 안다. 죄사함을 위한 기도는 조금 더 침묵할 때가 많다. 나 자신을 조금 더 깊이 돌아본다. 여섯 번째 기도제목도 마찬가지다. 지금 내가 좋아하는 것과 힘들어 하는 것을 생각하며 시험에 빠지고 있는 것은 무엇인지를 생각하며 기도한다. 일곱 번째 기도제목에서는 나의 약함을 온전히 고백하며 오직 하나님의 인도하심만을 구한다. 기도하지 못한 것도 고백한다. 마지막 출구에 해당하는 부분에서는 송영을 고백하며 선언하며 하나님을 찬양하며 마친다.

보통 일곱 가지 기도제목을 순서대로 기도한다. 그러나 그것에 매이지 않고 기도하다가 다른 제목이 생각나면 그것을 가지고 기도한다. 때로는 같이 연결하여 기도한다. "그 부분에서 하나님 나라를 생각하지 않고 나의 나라를 생각한 것을 용서하여 주옵소서"라고 기도하면서 하나님 나라와 속죄를 함께 기도하기도 한다. 그러나 그 부분에서는 그 기도제목이 중심이 되게 기도한다. 속죄로 갔다가도 바로 하나님 나라에 집중하여 하나님 나라를 이루는 것에 대해 기도한다. 하나님 나라가 이루어지기를 기도할 때 생각나는 일이 있으면 바로 그 생각나는 그 사람이나 일이나 관련된 것에서 하나님 나라의 측면이 무엇이 있는지를 생각하면서 기도한다.

만약 주기도문의 순서대로 기도하면서 두 번째 기도제목인 하나님 나라 부분을 기도하는데 수험생이 생각나면 그 수험생과 관련하여 어떻게 되어야 하나님 나라가 더 이루어질 수 있을지를 생각하며 기도한다. 그러면 그것과 관련하여 하나님 나라가 이루어지는 부분이 생각나면 생각나는 대로 그 부분에서 하나님 나라가 이루어지도록 기도한다. 때로 어떤 학생이 더욱 구체적으로 생각나면 그 아이의 소명을 생각하며 기도하기도 하고, 성적을 위해 기도하기도 한다. 그러한 것이 하나님 나라의 일을 이루는 것이 될 수 있도록 기도한다.

때로는 특별하게 기도할 때는 어떤 한 사람이나 사건에 대해 일곱 가지 간구 제목을 다 도입하여 기도하기도 한다. 교회 예배당 이전을 위해 기도한다면 그것과 관련된 하나님의 이름이 거룩히 여김을 받기 위해 해야 하는 것과, 나의 나라나 그 누구의 나라가 아니라 하나님 나라의 일이 되도록, 오직 하나님이 기뻐하시는 방식으로 이루어지도록, 일용할 양식으로서 그와 관련되어 당장에 내가 해야 하는 부분이 무엇인지를, 그와 관련하여 죄가 개입된 부분은 없는지를, 그 일이 나와 사람들이 시험에 빠지는 일이 되지 않도록, 악한 영이 방해하지 못하도록 기도한다.

일곱 가지 기도제목 중에 때로는 한 가지에 깊이 들어가기도 한다. 그것도 하나님이 인도하시는 방법 중에 하나다. 그런데 표준은 가능하다면 일곱 가지 기도제목을 짧게라도 기도하며 앞으로 나가는 것이 좋다.

무엇을 기도하든, 누구를 위해 기도하든 일곱 가지 기도제목은 우리가 그를 위해 무엇을 기도해야 하는지를 알게 해 준다. 기도의 방향을 올바르게 잡아 준다. 그래서 중재기도가 추상적이지 않고 구체적으로 되고 하나님의 뜻을 구하는 것이 된다.

모든 기도에서 일곱 가지 기도제목을 다 할 수는 없다. 순간순간 짧게 기도할 때는 몇 가지만 기도할 수도 있다. 기도가 대화이기에 자유롭게 하나님께 무엇이든 말할 수 있다. 그러나 그럴 때에도 일곱 가지 기도 제목을 생각하고 있으면 좋다. 그래서 한 가지를 기도할 때도 일곱 가지의 기도제목을 생각하고 있으면 그것을 위해 무엇을 기도해야 할지가 생각난다.

주기도문기도는 우리를 제한하는 것 같으나 실상은 매우 자유하게 한다. 기도를 풍성하게 하고, 무엇보다 대화식 기도를 가능하게 한다. 기도하며 생각나는 것에 바로 반응하여 기도하면서 내 안에 있는 생각을 밀어내지 않고 그 생각을 통해서 나의 생각을 알고 또한 그 속에 역사하시는 하나님의 뜻을 알게 된다. 생각나는 것을 바로 그 주제와 관련하여 기도하기 때문에 기도하면서도 곁길로 빠지지 않고 곁길로 빠져도 오히려 그 속에서 하나님의 뜻을 깨닫게 된다.

우리는 너무 내 멋대로 하는 경향이 강하다. 믿음은 내가 죽고 그리스도가 사는 것이다. 그런데 기도조차도 내가 살고 그리스도가 죽는 기도가 많다. 그것은 믿음의 역행이다. 이제는 우리의 기도가 내가 죽고 그리스도가 사는 기도가 되어야 하지 않겠는가? 그러기 위해 꼭 필요한 것이 바로 주기도문기도이다.

내가 하고 싶은 말이 아니라 하나님이 대화하고 싶은 그것을 함께 대화하는 것이 필요하지 않겠는가? 기도할 때마다 연습하라. 내가 하고 싶은 말이 아니라 하나님이 나에게 하고 싶은 말이 우선되도록 주기도문을 가지고 기도를 시작해야 한다. 내 멋대로 기도하던 것에서 이제는 주님이 가르치신 기도를 하면서 기도를 통해 나를 만들어 가시는 하나님을 경험하라. 기도를 통해 내가 하나님을 조종하는 것이 아니라, 기도를 통해 나를 만들어 가시는 하나님을 경험하라.

다음은 주기도문을 사용하였던 옛날 믿음의 이야기다.

1940년대 미국의 백만장자 밀턴은 물질적으로는 성공했으나 불면증에 시달리는 고통을 안고 살았다. 급기야 밀턴은 불면증에서 온 합병증으로 몸의 일부 기능이 마비 되는 지경에 이르렀다. 미국의 유명한 의사들을 찾아가 병을 고쳐 보려 애썼으나 어떤 의사도 그 병이 무슨 병인 지조차 알아채지 못했다. 당시 세계적으로 유명한 스위 스의 구스타브 칼 융 박사에게 갔다. 융 박사는 상담 끝에 모스크바에서 수백 리 떨어진 한 수도원을 찾아가라고 말했다. 밀턴은 비행기를 타고 그곳으로 갔다. 그 수도원 원장은 그를 만나자마자 어색한 제안을 했다.

"존경하는 밀턴 선생님! 제가 어떤 부탁을 해도 순종하는 마음으로 따르시겠습니까?"

"하루에 한 번씩 저에게 오셔야 합니다. 그리고 내일 처음 오실 때에는 주기도문을 300번 외우고 오시기 바랍니다."

밀턴은 숙소에서 열심히 주기도문을 300번 반복하여 기 도하고 다음 날 수도원 원장을 찾아갔다. 수도원 원장은 만나자마자 밀턴에게 말했다.

"주기도문 300번을 하셨다니 잘하셨습니다. 다시 돌아 가 내일 오실 때에는 주기도문을 600번 하고 오시기 바 랍니다."

3일째 되는 날 밀턴을 만난 수도원 원장은 말했다.

"주기도문 600번을 하셨다니 잘하셨습니다. 다시 돌아가 내일 오실 때는 주기도문을 900번 기도하고 오십시오."
이렇게 매일 300회씩 불어나 주기도문을 외우며 20일째 되던 날 그에게 신령한 은혜가 임하고 육신의 병에서 치유되는 응답을 받게 되었다. 자기를 그렇게 괴롭혔던 그 불치병이 깨끗이 나은 것이다.

이 이야기를 읽으며 무엇을 생각하였는가? 주기도문은 마법이 아니다. 그 수도사가 밀턴에게 주기도문을 암송하도록 요구할 때 아마도 분명한 이유가 있었을 것이다. 어쩌면 수도사가 보기에 밀턴이라는 사람이 '다른 사람을 용서하지 못하여 불면증에 시달리는 것'을 간파하였는지도 모르겠다. 그것을 직접적으로 말하지 않고 주기도문을 외우며 "우리가 우리에게 죄지은 자를 사하여 준 것같이 우리 죄를 사하여 주옵시고"라는 부분을 외울 때 그는 조금씩 깨닫고 회개하기 시작하여 불면증에서 고침을 받았는지 모른다. 아니면 자신의 나라 속에서 정신없이 살면서 불안하여 불면증에 걸렸다가 "나라이 임하옵시며"라는 구절에서 하나님 나라가 임하는 것 곧 하나님이 통치하시는 것을 깨달았는지도 모른다. 여하튼 분명한 것은 주기도문은 마법이 아니라는 것이다. 그러나 사실 마법이라면 마법이라고 할 수도 있다. 어떤 마법인가? 우리의 삶을 치유하는 마법이다. 단순한 소리가 아니라 예수님이 가르쳐 주신 기도에 따라 우리가 마음을 기울여야 행하는 것에 집중하면서 우리의 삶이 치료된다. 그런 면에 있어 마법이라면 마법이다.

기도는 우리를 치유한다. 기도는 참으로 놀랍다. 그런데 많은 사람들에게 기도가 그리 놀라운 것이 되지 못하고 있다. 왜냐하면 어느새 기도가 하나님과 대화하는 기도가 아니라 자신의 독백이 되었고 자신의 고집부리는 곳이 되어 버렸기 때문이다. 그래서 불면증이 치료되기는커녕 더 고착화되기도 한다.

성경에서 우리에게 가르치는 기도는 주기도문이 유일하다. 그것도 예수님이 직접 가르쳐 주셨다. 얼마나 놀라운 사실인가. 얼마나 귀한 기도인가. 다른 기도문들은 기도를 가르치기 위한 것이 아니라 실제 기도의 일부분만 나와 있을 뿐이다. 그러니 우리는 당연히 주기도문에서 기도를 배워야 한다. 무엇을 기도해야 할지를 배워야 한다. 2+7구조의 순서대로 기도하지는 않을지라도 우리의 기도에 그 내용이 들어가야 한다. 그래야 우리와 함께 대화하고픈 하나님의 마음과 만날 수 있다.

하나님의 마음은 우리가 죄를 깨닫는 것인데 우리의 기도는 그 일을 이루어 달라고만 강요하니 어찌 기도가 되겠는가? 그러니 주기도문기도가 참으로 중요하다.

예수님이 우리에게 친히 가르쳐 주신 주기도문이 있다. 그 기도에서 배워야 하지 않겠는가? 우리가 진정 무엇을 기도해야 하는지 배워야 한다. 이제 주기도문기도를 통해 우리의 기도가 성경적이고 하나님의 마음에 합한 기도가 되기를 소원한다.

02
예수님의 기도 실례

성경에 나와 있는 기도들은 많은 경우 일부분이다. 그런데 요한복음 17:1-26에는 예수님의 기도의 전문으로 보이는 기도가 나온다. 이 기도를 통해 예수님의 기도를 살펴보고자 한다.

> ¹예수께서 이 말씀을 하시고 눈을 들어 하늘을 우러러 이르시되 아버지여 때가 이르렀사오니 아들을 영화롭게 하사 아들로 아버지를 영화롭게 하게 하옵소서 ²아버지께서 아들에게 주신 모든 사람에게 영생을 주게 하시려고 만민을 다스리는 권세를 아들에게 주셨음이로소이다 ³영생은 곧 유일하신 참 하나님과 그가 보내신 자 예수 그리스도를 아는 것이니이다 ⁴아버지께서 내게 하라고 주신 일을 내가 이루어 아버지를 이 세상에서 영화롭게 하였사오니 ⁵아버지여 창세 전에 내가 아버지와 함께 가졌던 영화로써 지금도 아버지와 함께 나를 영화롭게 하옵소서 ⁶세상 중에서 내게 주신 사람들에게 내가 아버지의 이름을 나타내었나이다 그들은 아버지의 것이었는데 내게 주

셨으며 그들은 아버지의 말씀을 지키었나이다 **7**지금 그들은 아버지께서 내게 주신 것이 다 아버지로부터 온 것인 줄 알았나이다 **8**나는 아버지께서 내게 주신 말씀들을 그들에게 주었사오며 그들은 이것을 받고 내가 아버지께로부터 나온 줄을 참으로 아오며 아버지께서 나를 보내신 줄도 믿었사옵나이다 **9**내가 그들을 위하여 비옵나니 내가 비옵는 것은 세상을 위함이 아니요 내게 주신 자들을 위함이니이다 그들은 아버지의 것이로소이다 **10**내 것은 다 아버지의 것이요 아버지의 것은 내 것이온데 내가 그들로 말미암아 영광을 받았나이다 **11**나는 세상에 더 있지 아니하오나 그들은 세상에 있사옵고 나는 아버지께로 가옵나니 거룩하신 아버지여 내게 주신 아버지의 이름으로 그들을 보전하사 우리와 같이 그들도 하나가 되게 하옵소서 **12**내가 그들과 함께 있을 때에 내게 주신 아버지의 이름으로 그들을 보전하고 지키었나이다 그 중의 하나도 멸망하지 않고 다만 멸망의 자식뿐이오니 이는 성경을 응하게 함이니이다 **13**지금 내가 아버지께로 가오니 내가 세상에서 이 말을 하옵는 것은 그들로 내 기쁨을 그들 안에 충만히 가지게 하려 함이니이다 **14**내가 아버지의 말씀을 그들에게 주었사오매 세상이 그들을 미워하였사오니 이는 내가 세상에 속하지 아니함 같이 그들도 세상에 속하지 아니함으로 인함이니이다 [15]내가 비옵는 것은 그들을 세상에서 데려가시기를 위함이 아니요 다만 악에 빠지지 않게 보전하시기를 위함이니이다 [16]내가 세상에 속하지 아니함 같이 그들도 세상에 속하지 아니하였사옵나이다 [17]그들을 진리로 거룩하게 하옵소서 아버지의 말씀은 진리니이다 [18]아버지께서 나를 세상에 보내신 것 같이 나도 그들을 세상에 보내었고 [19]또 그들을 위하여 내가 나를 거룩하게 하오니 이는 그들도 진리로 거룩함을 얻게 하려 함이니이다 [20]내가 비옵는 것은 이 사람들만 위함이 아니요 또 그들의 말로 말미암아 나를 믿는 사람들도 위함이니 [21]아버지여, 아버지께서 내 안에, 내가 아버지 안에 있는 것 같이 그들도 다 하나가 되어 우리 안에 있게 하사 세상으로 아버지께서 나를 보내신 것을 믿게 하옵소서 [22]내게 주신 영광을 내가 그들에게 주었사오니 이는 우리가 하나가 된 것 같이 그들도 하나가 되게 하려 함이니이다 [23]곧 내가 그들 안에 있고 아버지께서 내 안에 계시어 그들로 온전함을 이루어 하나가 되게 하려 함은 아버지께서 나를 보내신 것과 또 나를 사랑하심 같이 그들도 사랑하신 것을 세상으로 알게 하려 함이로소이다 24아버지여 내게 주신 자도 나 있는 곳에 나와 함께 있어 아버지께서 창세 전부터 나를 사랑하시므로 내게 주신 나의 영광을 그들로 보게 하시기를 원하옵나이다 25의로우신 아버지여 세상이 아버지를 알지 못하여도 나는 아버지를 알았사옵고 그들도 아버지께서 나를 보내신 줄 알았사옵나이다 26내가 아버지의 이름을 그들에게 알게 하였고 또 알게 하리니 이는 나를 사랑하신 사랑이 그들 안에 있고 나도 그들 안에 있게 하려 함이니이다(요 17:1-26).

예수님은 "아버지여"라고 부르며 기도를 시작하신다. 예수님은 첫 기도의 제목으로 하나님의 영광을 구하신다.

아버지여 때가 이르렀사오니 아들을 영화롭게 하사 아들로 아버지를 영화롭게 하게 하옵소서(1절).

예수님은 주기도문에서도 우리에게 가장 먼저 기도해야 할 것이 "하나님의 이름이 거룩히 여김을 받는 것"이라는 사실을 가르치셨다. 예수님이 하나님의 영광을 위하여 구하시는 것이 구체적으로 무엇인가? "아들을 영화롭게 하사"라는 구절에서 말하는 것은 "십자가에서의 죽음"이다. 예수님은 십자가에서 죽으시는 것이 하나님께 영광이 될 것을 아시고 그것을 간구하시는 것이다. 기도문의 두 번째 부분에서 가장 중요한 단어는 "영생"이다.

> 아버지께서 아들에게 주신 모든 사람에게 영생을 주게 하려 하시려고 만민을 다스리는 권세를 아들에게 주셨음 이로소이다(2절).

이제 십자가를 지셔야 하는 예수님은 그러한 것이 그 백성의 영생을 위한 것임을 아셨다. 영생은 하나님 나라에 참여하는 것이며, 영생을 얻는 것은 그 백성을 향한 하나님의 가장 기뻐하시는 뜻이다. 주기도문의 두 번째 기도는 하나님의 나라이고 세 번째 기도문은 하나님의 뜻인데 지금 예수님의 실제 기도에서도 영생이라는 단어에서 그 두 가지가 동시에 간구되고 있다. 네 번째 기도제목으로 일용할 양식을 위한 기도는 11절에 나타난다.

> 나는 세상에 더 있지 아니하오나 그들은 세상에 있사옵고 나는 아버지께로 가옵나니 거룩하신 아버지여 내게 주신 아버지의 이름으로 그들을 보전하사 우리와 같이 그들도 하나가 되게 하옵소서(11절).

예수님은 지금 당장의 필요로서 제자들의 보호를 간구하셨다. 이것은 이제 십자가의 길을 가는 예수님의 당면하고 시급한 기도제목으로서 일용할 양식에 해당한다. 주기도의 네 번째 기도제목은 자신의 죄사함에 대한 기도다. 그런데 예수님은 죄가 없으신 분이다. 그래서 이 부분은 예수님의 기도에 나타나지 않는다. 다섯 번째 항목은 시험에 빠지지 않게 기도하는 것이다. 예수님은 이 항목에서 백성들이 시험에 빠지지 않게 기도하신다.

> 세상이 그들을 미워하였사오니(14절).

세상이 사람들을 미워할 때 사람들은 시험에 빠지기 쉽다. 제자들은 세상이 그들을 미워할 때 시험에 빠졌고 헤어 나오지 못할 만큼 거의 완전히 빠질 뻔하였다. 그들을 위해 예수님은 기도하신다.

> 그들을 진리로 거룩하게 하옵소서 아버지의 말씀은 진리니이다(17절).

시험에 빠지면 거룩성이 훼손되는데 다시금 말씀으로 거룩성을 회복하고 시험에서 건짐을 받도록 제자들을 위해 기도하신다. 주기도의 일곱 번째 기도제목은 "악에서 구하옵소서"이다. 예수님은 우리가 악에서 구함을 얻을 수 있도록 기도하신다.

> 내가 비옵는 것은 그들을 세상에서 데려가시기를 위함이 아니요 다만 악에서 빠지지 않게 보전하시기를 위함이니이다(15절).

이상과 같은 관찰을 통해 예수님의 기도 안에도 주기도에서 가르치신 일곱 가지의 내용이 녹아 있다는 것을 알 수 있다. 그처럼 우리의 기도에도 주기도의 일곱 가지 제목이 녹아 있을 때 좋은 기도가 된다.

마치는 말

　이 책을 다 읽고 책을 덮으면서 막연히 "어떤 좋은 것을 읽었다"로만 끝난다면 이 책을 다 읽은 것이 아니다. 나는 독자가 이 책을 읽고 나면 실제로 주기도문기도를 하게 되기를 원한다. 당장 시도해 보라. 2+7구조가 무엇인가? 바로 생각나야 한다. 생각나지 않으면 앞으로 돌아가서 목차를 보라. 술술 나오도록 암송하라. 그리고 이제 그렇게 기도해 보라. 항상 그렇게 기도할 필요는 없다. 그러나 새벽예배나 시간을 정하여 기도할 때는 그렇게 해보라. 그리고 다른 기도를 할 때에도 이것을 기억하면서 해보라. 한 가지 기도에 집중하여 할 때에도 이것을 기억하면서 적용해 보라. 그러면 기도가 하나님이 우리에게 요구하시는 기도로 바뀔 것이다. 우리의 기도가 풍성해지고 실제적인 기도가 될 것이다. 우리의 기도가 중언부언하지 않고 효과적이고 매력적인 하나님과의 대화 시간이 될 것이다.

책을 시작하며 세상의 기도와 우리의 기도는 다르다 하였다. 그렇다. 세상의 기도는 자신의 뜻을 더 세우는 것이지만 우리의 기도는 하나님의 뜻을 더 세우는 것이다. 그러니 기도하면서 우리가 바뀌어야 한다. 주기도문기도를 하면 생각지도 못했던 많은 기도를 하게 될 것이다. 나의 관심이 아니라 하나님이 관심을 가지고 계시는 것을 기도하게 된다. 나의 관심도 이제는 하나님의 관심 안에서의 관심으로 재조정된다. 그 동안의 자신의 기도를 살펴보라. 하나님과 깊은 대화를 나누는 기도였는가? 기도하면서 더욱 하나님의 영광과 나라와 뜻을 구하였는가? 그분의 인격적인 임재와 말씀하심을 느끼며 기도하였는가? 이제는 내가 하고 싶은 기도가 아니라 하나님이 나와 말씀하고 싶어 하시는 것을 기도해야 한다.

주기도문기도를 하면 즐겁다. 기도가 지루하지 않다. 지혜로워진다. 하나님의 사람이 된다. 주기도문기도를 하기 시작하면서 가장 크게 느낀 것은 기도가 추상적이지 않고 구체적이 되었다는 것이다. 반복(이것이야말로 중언부언이다)하는 기도가 아니라 그때마다의 은혜를 누린다. 날마다 새롭고 깊어진다. 이 작은 책이 제시하는 주기도문기도를 통해 한국교회의 기도가 예수님의 의도대로 기도하는 바른 기도가 되길 소원한다. 바른 기도는 바른 신앙을 낳을 것이요, 바른 신앙은 분명히 아름답고 영광스러운 교회를 낳을 것이다. 이제 예수님이 가르쳐 주신 '주기도문기도'를 하라.

주기도문 하지마라

"하늘에 계신" 하지 마라
세상일에만 빠져 있으면서

"우리"라고 하지 마라
너 혼자만 생각하며 살아가면서

"아버지"라고 하지 마라
아들 딸로 살지 않으면서

"아버지의 이름이 거룩히 빛나시며"라 하지 마라
자기 이름을 빛내기 위해서 안간힘을 쓰면서

"아버지의 나라가 임하시며"라고 하지 마라
물질 만능의 나라를 원하면서

"아버지의 뜻이 이루어지소서"라고 하지 마라
내 뜻대로 되기를 기도하면서

"오늘 저희에게 일용할 양식을 주시고"라고 하지 마라
죽을 때까지 먹을 양식을 쌓아두려 하면서

"저희에게 잘못한 이를 저희가 용서하오니
저희 죄를 용서하시고"라 하지 마라
누구에겐가 아직도 노여움을 품고 있으면서

"저희를 유혹에 빠지지 않게 하시고"라 하지 마라
죄 지을 기회를 찾아다니면서

"악에서 구하소서"라 하지 마라
악을 보고도 아무런 양심의 소리를 듣지 않으면서

"아멘"이라고 하지 마라
주님의 기도를 진정 나의 기도로 바치지 않으면서.

— 우루과이 한 작은 성당 벽에 적혀 있는 글

예수님이 가르쳐 주신 기도
The Lord's Prayer

2013년 10월 30일 초판 발행

지은이 | 장 석 환

편집 | 왕희광, 박예은
디자인 | 김복심, 박슬기
펴낸곳 | 사)기독교문서선교회
등록 | 제16-25호(1980. 1. 18)
주소 | 서울시 서초구 방배로 68
전화 | 02) 586-8761~3(본사) 031) 942-8761(영업부)
팩스 | 02) 523-0131(본사) 031) 942-8763(영업부)
홈페이지 | www.clcbook.com
이메일 | clckor@gmail.com
온라인 | 기업은행 073-000308-04-020, 국민은행 043-01-0379-646
　　　　　예금주: 사)기독교문서선교회

ISBN 978-89-341-1327-0 (03230)

* 낙장·파본은 교환해 드립니다.

이 도서의 국립중앙도서관 출판시 도서목록(CIP)은
서지정보유통지원시스템 홈페이지(http://seoji.nl.go.kr)와
국가자료공동목록시스템(http://www.nl.go.kr/kolisnet)에서
이용하실 수 있습니다.
(CIP제어번호: CIP2013019258)